# HET VOLLEDIGE RECEPTENBOEK VOOR SAUZEN EN SPREADS

Transformeer gewoon tussendoortjes in buitengewone ervaringen, met 100 heerlijke recepten

Olivier de Jong

Auteursrechtelijk materiaal ©2024

Alle rechten voorbehouden

Geen enkel deel van dit boek mag in welke vorm of op welke manier dan ook worden gebruikt of overgedragen zonder de juiste schriftelijke toestemming van de uitgever en eigenaar van het auteursrecht, met uitzondering van korte citaten die in een recensie worden gebruikt. Dit boek mag niet worden beschouwd als vervanging voor medisch, juridisch of ander professioneel advies.

# INHOUDSOPGAVE

**INHOUDSOPGAVE** .................................................................................... **3**
**INVOERING** ............................................................................................... **6**
**RANCH DIPS** ............................................................................................. **7**
   1. Basis Hebed Ranch-dip ................................................................. 8
   2. Avocado Ranch-dip ....................................................................10
   3. Rokerige Chipotle Ranch-dip .....................................................12
   4. Curry Ranch-dip ........................................................................14
   5. Wasabi Ranch-dip .....................................................................16
   6. Kokos-Limoen Ranch Dip ..........................................................18
   7. Dille Pickle Ranch Dip ...............................................................20

**HUMMUS** ............................................................................................... **22**
   8. Hummus van courgette en kikkererwten ................................23
   9. Citroenachtige kikkererwten en tahinihummus ......................25
   10. Knoflook- kikkererwtenhummus ............................................27
   11. Geroosterde Auberginedip .....................................................29
   12. Spirulina-hummus ..................................................................32
   13. Matcha en bietenhummus .....................................................34
   14. Hummus van zongedroogde tomaten ...................................36
   15. Kikkererwtenhummus met aquafaba ....................................38
   16. Sojaspruithummus .................................................................40
   17. Geen komijnhummus .............................................................42
   18. Jalapeño-Koriander Hummus .................................................44
   19. Yuzu Hummus ........................................................................46
   20. Back-To-Basics Hummus .........................................................48
   21. Hummus van geroosterde rode paprika ................................50
   22. Hummus van witte bonen en dille .........................................52
   23. Rokerige Chipotle-Pinto Hummus ..........................................54
   24. Noord-Indiase Hummus ..........................................................56
   25. Extra zachte hummus .............................................................58
   26. Hummus van sojabonen .........................................................60
   27. Curried Kikkererwtenhummus ................................................62
   28. Rode Paprika Hummus (Bean-Free) ........................................64
   29. Courgette Hummus ................................................................66
   30. Hummus Kawarma (Lamsvlees) met Citroensaus ..................68
   31. Musabaha & geroosterde pita ...............................................71
   32. Echte Hummus .......................................................................74
   33. Hummus van artisjokken ........................................................76
   34. Selderij met witte bonenhummus ..........................................78
   35. Exotische bonenhummus .......................................................80
   36. Vakantiehummus ....................................................................82
   37. Hummus met zongedroogde tomaten en koriander .............84

38. Hummus met geroosterde pijnboompitten en peterselieolie ............................86
39. Hummus met pompoen en granaatappel ...............................................................88
40. Hummus met tomatensaus ............................................................................................90
41. Vetarme hummusdip ..........................................................................................................92
42. Saskatchewan-hummus .....................................................................................................94
43. Pesto-hummus .......................................................................................................................96
44. Romige bloemkoolhummus ............................................................................................98
45. Geroosterde wortelhummus ....................................................................................100

## BABA GANOUSH ................................................................................................... 102

46. Baba Ganoush ...................................................................................................................103
47. Rokerige, Geroosterde Aubergine Dip ...............................................................105
48. Italiaanse Baba Ganoush ...........................................................................................107
49. Bieten Baba Ganoush .................................................................................................110
50. Avocado Baba Ganoush ............................................................................................112
51. Curry Baba Ganoush ..................................................................................................114
52. Walnoot Baba Ganoush ............................................................................................116
53. Geroosterde Rode Paprika Baba Ganoush ...................................................118
54. Granaatappel Baba Ganoush ................................................................................120
55. Aubergine Walnoot Spread ......................................................................................122

## GUACAMOL ............................................................................................................ 124

56. Knoflook- guacamole .................................................................................................125
57. Geitenkaas-guacamole ..............................................................................................127
58. Hummus-guacamole ...................................................................................................129
59. Kimchi-guacamole .......................................................................................................131
60. Spirulina Guacamole-dip .........................................................................................133
61. Kokos Limoen Guacamole .......................................................................................135
62. Nori Guacamole ............................................................................................................137
63. Passievrucht-guacamole ............................................................................................139
64. Moringa-guacamole ....................................................................................................141
65. Mojito-guacamole .......................................................................................................143
66. Mimosa-guacamole ....................................................................................................145
67. Zonnebloem-guacamole ...........................................................................................147
68. Guacamole van Drakenfruit ....................................................................................149

## DIPS OP BASIS VAN TAHINI ............................................................................ 151

69. Romige Spinazie-Tahini Dip ....................................................................................152
70. Pittige geroosterde rode paprika-tahinidip ...................................................154
71. Citroenkruid Tahini Dip ..............................................................................................156
72. Romige bieten-tahin-dip ...........................................................................................158
73. Zongedroogde Tomaat En Basilicum Tahini Dip .......................................160
74. Kurkuma en Gember Tahini Dip ..........................................................................162
75. Ahorn Kaneel Tahini Dip ..........................................................................................164

## KAASDIPS ............................................................................................................... 166

76. Baksteenkaasdip ...........................................................................................................167

77. Blauwe Kaas & Goudse Kaas Dip ..................................................................169
78. Roomkaas- en honingdip ..........................................................................171
79. Buffelkipdip ..................................................................................................173
80. Pittige pompoen- en roomkaasdip ........................................................175
81. Beierse feestdip/spread .............................................................................177
82. Partydip van gebakken artisjokken .......................................................179
83. Pubkaasdip ...................................................................................................181
84. Low-Carb pizzadip in de pan ..................................................................183
85. Rangoon-dip van krab ...............................................................................185
86. Pittige garnalen- en kaasdip ...................................................................187
87. Knoflook- en spekdip ................................................................................189
88. Romige Geitenkaas Pesto Dip ................................................................191
89. Hete pizza Superdip ...................................................................................193
90. Gebakken spinazie en artisjokkendip ..................................................195
91. Artisjokkendip .............................................................................................197
92. Romige artisjokkendip ..............................................................................199
93. Dip van dille en roomkaas .......................................................................201
94. Wilde rijst en Chili Dip ..............................................................................203
95. Pittige pompoen- en roomkaasdip ......................................................205

## AZIATISCHE ONDERDOMPELSAUSSEN ..................................................... 207

96. Abrikoos En Chili Dipsaus .......................................................................208
97. Mango-Ponzu-dipsaus ..............................................................................210
98. Soja Gember Dipsaus ................................................................................212
99. Pittige pindadipsaus .................................................................................214
100. Zoete Chili Limoen Dipsaus ..................................................................216

## CONCLUSIE ......................................................................................................... 218

# INVOERING

Welkom bij 'Het complete receptenboek voor dips en spreads', uw ultieme gids voor het transformeren van gewoon tussendoortjes in buitengewone ervaringen met 100 heerlijke recepten. Of u nu een feest organiseert, gasten ontvangt of gewoonweg geniet van een gezellig avondje uit, dit kookboek is uw paspoort naar een wereld van smaak en creativiteit. Van klassieke dips tot innovatieve spreads, elk recept is ontworpen om uw snackspel naar een hoger niveau te tillen en uw smaakpapillen te verrassen.

In dit kookboek ontdek je een gevarieerd aanbod aan recepten die de kunst van het dippen en smeren vieren. Van romige hummus en pittige salsa tot heerlijke smeerkaas en decadente dessertdips: er is iets voor elke smaak en gelegenheid. Of je nu zin hebt in iets hartigs, zoets, pittigs of pittigs, hier vind je een recept om je trek in snacks te stillen en indruk te maken op je gasten.

Wat "HET VOLLEDIGE RECEPTENBOEK VOOR SAUZEN EN SPREADS" onderscheidt, is de nadruk op eenvoud, veelzijdigheid en creativiteit. Of u nu een doorgewinterde thuiskok bent of een beginneling in de keuken, deze recepten zijn ontworpen om gemakkelijk te volgen en aan te passen aan uw smaakvoorkeuren en voedingsbehoeften. Met minimale ingrediënten en duidelijke instructies kunt u in een mum van tijd een partij zelfgemaakte dips en spreads bereiden, waardoor het dagelijkse tussendoortje een gastronomische ervaring wordt.

In dit kookboek vindt u praktische tips voor het serveren en bewaren van dips en spreads, evenals prachtige fotografie om uw culinaire avonturen te inspireren. Of u nu een informeel samenzijn met vrienden organiseert, een speciale gelegenheid viert, of uzelf gewoon trakteert op een heerlijk tussendoortje, het Complete Receptenboek voor Dips en Spreads heeft alles wat u nodig heeft om uw tussendoortjes naar een hoger niveau te tillen.

# RANCH DIPS

# 1. Basis Hebed Ranch-dip

**INGREDIËNTEN:**
- 1 kopje mayonaise
- ½ kopje gewone Griekse yoghurt
- 1½ theelepel gedroogde bieslook
- 1½ theelepel gedroogde peterselie
- 1½ theelepel gedroogde dille
- ¾ theelepel gegranuleerde knoflook
- ¾ theelepel gegranuleerde ui
- ½ theelepel zout
- ¼ theelepel zwarte peper

**INSTRUCTIES:**
a) Combineren alle ingrediënten in A klein schaal.
b) Toestaan naar zitten in de koelkast voor 30 minuten voor portie.

## 2.Avocado Ranch-dip

## INGREDIËNTEN:
- 1 rijpe avocado, geschild en ontpit
- 1/2 kopje zure room
- 1/4 kop mayonaise
- 1 eetlepel vers geperst limoensap
- 2 eetlepels gehakte verse koriander
- 1 teentje knoflook, fijngehakt
- 1/2 theelepel uienpoeder
- Zout en peper naar smaak
- Optioneel: gehakte jalapeño voor extra warmte

## INSTRUCTIES:
a) Pureer de rijpe avocado in een mengkom tot een gladde massa.
b) Voeg zure room, mayonaise, limoensap, gehakte koriander, gehakte knoflook, uienpoeder en eventueel gehakte jalapeño toe.
c) Meng tot alles goed gemengd en romig is.
d) Breng op smaak met zout en peper.
e) Doe de avocado-ranch-dip in een serveerschaal.
f) Serveer met tortillachips, groentesticks of als romige topping voor taco's of nacho's.

## 3.Rokerige Chipotle Ranch-dip

## INGREDIËNTEN:
- 1/2 kopje zure room
- 1/4 kop mayonaise
- 1 eetlepel chipotle-pepers in adobosaus, fijngehakt
- 1 eetlepel vers geperst limoensap
- 1 theelepel gerookte paprikapoeder
- 1/2 theelepel knoflookpoeder
- 1/2 theelepel uienpoeder
- Zout en peper naar smaak
- Optioneel: gehakte verse koriander ter garnering

## INSTRUCTIES:
a) Meng in een mengkom zure room, mayonaise, gehakte chipotle-pepers, limoensap, gerookte paprika, knoflookpoeder en uienpoeder.
b) Meng tot het goed gemengd is.
c) Breng op smaak met zout en peper.
d) Garneer indien gewenst met gehakte verse koriander.
e) Doe de rokerige chipotle ranch-dip in een serveerschaal.
f) Serveer met knapperige zoete aardappelfrietjes, kippenvleugels of gebruik als pittige dipsaus voor gegrilde groenten.

# 4. Curry Ranch-dip

**INGREDIËNTEN:**
- 1/2 kop Griekse yoghurt
- 1/4 kop mayonaise
- 1 eetlepel kerriepoeder
- 1 theelepel honing
- 1 teentje knoflook, fijngehakt
- 1 eetlepel vers gehakte koriander
- 1 eetlepel vers gehakte munt
- 1 theelepel citroenschil
- Zout en peper naar smaak

**INSTRUCTIES:**
a) Meng in een mengkom Griekse yoghurt, mayonaise, kerriepoeder, honing, gehakte knoflook, gehakte koriander, gehakte munt en citroenschil.
b) Meng totdat alle ingrediënten goed zijn opgenomen.
c) Breng op smaak met zout en peper.
d) Doe de curry ranch dip in een serveerschaal.
e) Serveer met rauwkost, pitabroodjes of als dipsaus voor samosa's of pakora's.

## 5. Wasabi Ranch-dip

**INGREDIËNTEN:**
- 1/2 kopje zure room
- 1/4 kop mayonaise
- 1 eetlepel bereide wasabipasta
- 1 eetlepel rijstazijn
- 1 theelepel sojasaus
- 1 groene ui, fijngehakt
- 1/2 theelepel sesamzaadjes (optioneel)
- Zout en peper naar smaak

**INSTRUCTIES:**
a) Meng in een mengkom zure room, mayonaise, wasabipasta, rijstazijn, sojasaus, gehakte groene ui en sesamzaadjes (indien gebruikt).
b) Meng tot alle ingrediënten goed gemengd zijn.
c) Breng op smaak met zout en peper.
d) Doe de wasabi-ranchdip in een serveerschaal.
e) Serveer bij sushi, tempura of gebruik als dipsaus voor garnalen of sushirolletjes.

# 6. Kokos-Limoen Ranch Dip

**INGREDIËNTEN:**
- 1/2 kop kokosroom
- 1/4 kopje Griekse yoghurt
- 1 eetlepel mayonaise
- Schil en sap van 1 limoen
- 1 eetlepel vers gehakte koriander
- 1 eetlepel vers gehakte munt
- 1 theelepel honing
- Zout en peper naar smaak

**INSTRUCTIES:**
a) Meng in een mengkom kokosroom, Griekse yoghurt, mayonaise, limoenschil, limoensap, gehakte koriander, gehakte munt en honing.
b) Meng tot een glad en romig mengsel.
c) Breng op smaak met zout en peper.
d) Doe de kokos-limoen-ranch-dip in een serveerschaal.
e) Serveer met tropisch fruit, gegrilde garnalen of gebruik als dipsaus voor kokosgarnalen.

## 7.Dille Pickle Ranch Dip

**INGREDIËNTEN:**
- 1/2 kopje zure room
- 1/4 kop mayonaise
- 1/4 kop fijngehakte dille-augurken
- 1 eetlepel augurkensap
- 1 eetlepel gehakte verse dille
- 1 theelepel uienpoeder
- Zout en peper naar smaak

**INSTRUCTIES:**
a) Meng in een mengkom zure room, mayonaise, fijngehakte dille-augurken, augurkensap, gehakte verse dille en uienpoeder.
b) Meng totdat alle ingrediënten goed zijn opgenomen.
c) Breng op smaak met zout en peper.
d) Pas indien nodig de kruiden aan.
e) Breng de dille-augurk-ranch-dip over in een serveerschaal.
f) Serveer met chips, worteltjes of als dip voor gebakken augurken.

# HUMMUS

## 8.Hummus van courgette en kikkererwten

**INGREDIËNTEN:**
- 1 blik kikkererwten, uitgelekt en afgespoeld
- 1 teentje knoflook, gehakt
- 1 groene courgette, gehakt
- Handje gehakte peterselie
- Handvol gehakte basilicum
- Himalaya- of zeezout
- Vers gemalen zwarte peper
- 4 eetlepels olijfolie
- Een scheutje vers citroensap

**INSTRUCTIES:**
a) Meng alles.

# 9. Citroenachtige kikkererwten en tahinihummus

**INGREDIËNTEN:**
- Citroensap van ½ citroen
- 1 blik gedroogde kikkererwten, geweekt
- 1 teentje knoflook
- 1 eetlepel tahin
- 1 eetlepel olijfolie

**INSTRUCTIES:**
a) Blend alles tot een gladde massa.

# 10. Knoflook- kikkererwtenhummus

**INGREDIËNTEN:**
- 2 teentjes knoflook
- 1 blik kikkererwten
- 1 eetlepel Tahin
- Citroensap van 1 Citroen
- 1 eetlepel olijfolie

**INSTRUCTIES:**
a) Meng alle ingrediënten in een mengkom.

# 11. Geroosterde Auberginedip

## INGREDIËNTEN:

- 3 medium aubergines met huid (de groot, ronde, paars verscheidenheid)
- 2 eetlepels olie
- 1 ophoping theelepel van komijn zaden
- 1 theelepel grond koriander
- 1 theelepel kurkuma poeder
- 1 groot geel of rood ui, geschild En in blokjes gesneden
- 1 Een stukje gember wortel, geschild En geraspt of gehakt
- 8 kruidnagel knoflook, geschild En geraspt of gehakt
- 2 medium tomaten, geschild (als mogelijk) En in blokjes gesneden
- 4 groente Thais, serrano, of cayenne chilipepers, gehakt
- 1 theelepel rood Chili poeder of cayenne
- 1 eetlepel ruw zee zout

## INSTRUCTIES:

a) Set een oven rek bij de op een na hoogste positie. voorverwarmen de vleeskuikens naar 500°F (260°C). Lijn A bakken laken met aluminium folie naar voorkomen A troep later.

b) Por gaten in de aubergine met A vork (naar uitgave stoom) En plaats hen op de bakken laken. Braden voor 30 minuten, draaien eenmaal. De huid zullen zijn verkoold En verbrand in sommige gebieden wanneer zij Zijn klaar. Verwijderen de bakken laken van de oven En laten de aubergine koel voor bij minst 15 minuten. Met A scherp mes, snee A gesplitst in de lengte van een einde van elk aubergine naar de ander, En trekken Het open lichtelijk. Lepel uit de geroosterd vlees binnen, wezen voorzichtig naar voorkomen de stoom En redden als veel sap als mogelijk. Plaats de geroosterd aubergine vlees in A kom - dat doe je hebben over 4 kopjes (948 ml).

c) In A diep, zwaar pan, warmte de olie over gemiddeld hoog warmte.

d) Toevoegen de komijn En kok tot Het sist over 30 seconden.

e) Toevoegen de koriander En kurkuma. Mengen En kok voor 30 seconden.

f) Toevoegen de ui En bruin voor 2 minuten.

g) Toevoegen de gember wortel En knoflook En kok voor 2 meer minuten.
h) Toevoegen de tomaten En chilipepers. Kok voor 3 minuten, tot de mengsel wordt zachter.
i) Toevoegen de vlees van de geroosterd aubergines En kok voor een andere 5 minuten, mengen af en toe naar voorkomen plakken.
j) Toevoegen de rood Chili poeder En zout. Bij dit punt, Jij zou moeten Ook verwijderen En weggooien elk verdwaald stukken van verkoold aubergine huid.
k) Mengen dit mengsel gebruik makend van een onderdompeling blender of in A verschillend blender. Niet doen overdrijven dat daar zou moeten nog steeds zijn sommige textuur. Dienen met geroosterd Naan plakjes, crackers, of tortilla chips. Jij kan Ook dienen Het traditioneel met een Indisch maaltijd van roti, linzen, En raita.

## 12.Spirulina-hummus

**INGREDIËNTEN:**
- 1 kan kikkererwten, gedraineerd, vloeistof gereserveerd
- 1 eetlepel olijf olie
- 2 theelepels tahin
- 1 eetlepel vers ingedrukt citroen sap
- 1 kruidnagel knoflook, verpletterd
- ½ theelepel zout

**INSTRUCTIES:**
a) Plaats de kikkererwten, olijf olie, tahini, citroen sap, knoflook, En zout in A voedsel verwerker.
b) Draai op de voedsel verwerker En langzaam giet in sommige van de gereserveerd kikkererwt vloeistof terwijl de machine loopt.
c) Wanneer de mengsel is geheel gecombineerd En zacht, overdracht Het naar binnen A portie gerecht.

## 13.Matcha en bietenhummus

**INGREDIËNTEN:**
- ½ theelepel Matcha poeder
- 400g blik kikkererwten, gedraineerd En gespoeld
- 250g gekookt biet
- 1 knoflook kruidnagel
- 2 eetlepels tahin
- 2 theelepel grond komijn
- 100 ml extra maagd olijf olie
- Sap van citroen
- Zout naar smaak

**INSTRUCTIES:**

a) Toevoegen alle de ingrediënten behalve de kikkererwten naar binnen jouw blender/voedsel verwerker. Mengen tot zacht.

b) Toevoegen de kikkererwten En mengen opnieuw tot zacht En verrukkelijk!

## 14. Hummus van zongedroogde tomaten

## INGREDIËNTEN:
- 8,5 ounce kan van zon gedroogd tomaten in olie
- 8,8 ounce kan van Oven geroosterd tomaten in olie
- #10 kan van garbanzo bonen, gedraineerd En gespoeld
- 2 eetlepels tahin Plakken
- 2 eetlepels ui poeder
- 2 theelepels paprika
- 2 eetlepels gehakt knoflook
- 1 beker warm water
- 1 beker groente olie
- 4 theelepels citroen sap
- Zout En peper naar smaak

## INSTRUCTIES:
a) Toevoegen zon gedroogd tomaten, geroosterd tomaat, En tahin Plakken naar de voedsel verwerker. Gebruik 1 eetlepel van water naar dun uit de mengsel. Mengen tot zacht.
b) Toevoegen garbanzo bonen, ui poeder, knoflook, paprika, En citroen sap. Draai de verwerker op laag En mengen.
c) Langzaam toevoegen water En olie, naar losmaken de blad, En toestaan de humus naar mengen tot zacht.
d) Herhalen de proces met de seconde partij van ingrediënten.

## 15. Kikkererwtenhummus met aquafaba

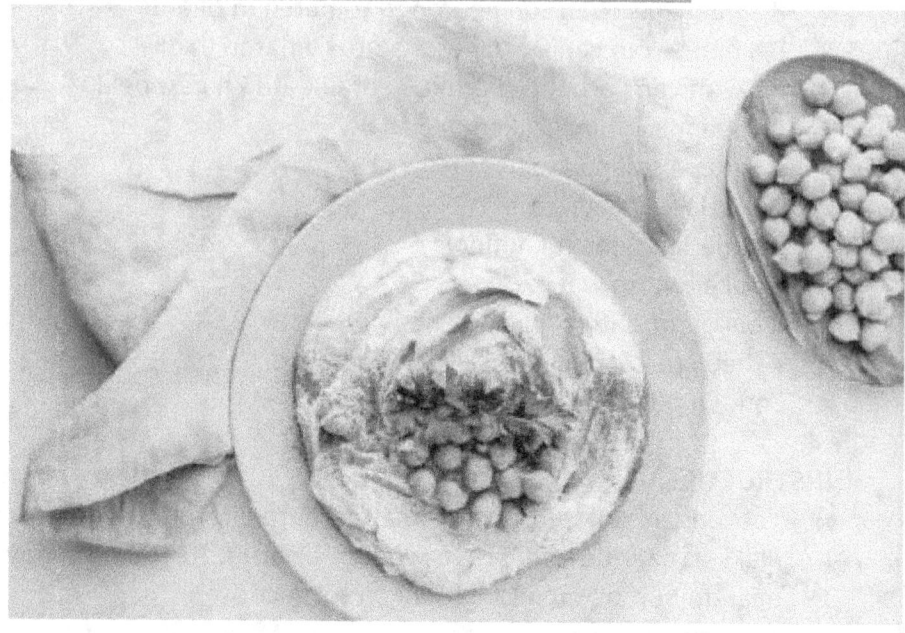

## INGREDIËNTEN:
- 2 kopjes ingeblikt kikkererwten
- 2 kruidnagel knoflook
- 4 eetlepels plantaardig tahin
- 2 eetlepels citroen sap, vers geperst
- 2 theelepels komijn poeder
- 1 theelepel zout
- ½ theelepels Chili poeder

## AQUAFAB
- ½ beker kikkererwt vloeistof

## TOPPINGEN
- Koriander
- Koriander zaden
- Chili poeder
- Geheel kikkererwten

## INSTRUCTIES:
### NAAR MAKEN DE AQUAFAB:
a) Als de kikkererwt vloeistof bevat A kavel van klein stukjes van bonen, deformatie Het door A prima gaas zeef naar verwijderen hen.
b) Licht garde de vloeistof tot schuimend, Dan meeteenheid uit de vereist hoeveelheid van aquafaba.

### NAAR MAKEN DE HUMMUS:
c) Plaats de kikkererwten, knoflook, En aquafaba in A voedsel verwerker kan En puree tot zacht.
d) Toevoegen tahini, citroen sap, komijn, zout, En Chili poeder naar smaak.
e) Proces op hoog snelheid tot de humus is zacht En romig. Als nodig, spritz met water.
f) Pollepel de humus naar binnen A portie schaal En bovenkant met vers koriander bladeren En zaden.
g) In de koelkast bewaren in een luchtdicht houder voor omhoog naar 5 dagen.

# 16.Sojaspruithummus

**INGREDIËNTEN:**
- 480g gekookt soja bonen
- 285g geel zoet maïs
- 10 zon gedroogd tomaat helften
- 2 theelepels. knoflook poeder
- ½ theelepels paprika poeder
- ½ theelepel droog basilicum
- 1 theelepel ui poeder
- 2 Eetlepels voedingswaarde gist
- 2 Eetlepels citroen sap
- Water

**INSTRUCTIES:**
a) Geniet de zon gedroogd tomaat helften in heet water voor bij minst een uur.
b) Droogleggen En diepgaand afspoelen.
c) Combineren alle van de ingrediënten in A voedsel verwerker En proces tot zacht En romig.

## 17.Geen komijnhummus

**INGREDIËNTEN:**
- 2 kopjes van kikkererwten, gedraineerd met water set opzij
- 1/2 beker tahin
- Knoflook Plakken
- Sap van 6 limoenen
- Zout En peper.
- A erg licht strooi van rood Chili peper vlokken

**INSTRUCTIES:**
a) Mengen in A blender.
b) Als te dik, toevoegen meer water van de kikkererwten naar zacht Het uit.

## 18.Jalapeño-Koriander Hummus

## INGREDIËNTEN:
- 1 (15 ounce) kan kikkererwten, gedraineerd En gespoeld
- 1 beker koriander bladeren, plus aanvullend voor garnering
- 2 klein jalapeños, gezaaid En grof gehakt
- 1 knoflook kruidnagel
- ¼ beker vers limoen sap
- 2 eetlepels tahin (sesam Plakken)
- 1 eetlepel olijf olie

## INSTRUCTIES:
a) In A voedsel verwerker, puree de kikkererwten, koriander, jalapeños, En knoflook tot zacht.
b) Toevoegen de limoen sap, tahini, En olie En proces tot Goed blended. Als de mengsel is te dik, toevoegen water, 1 eetlepel bij A tijd, tot de gewenst samenhang is bereikt.
c) Dienen de humus onmiddellijk, gegarneerd met aanvullend koriander, of omslag En koelen Het voor omhoog naar 2 dagen.

## 19.Yuzu Hummus

## INGREDIËNTEN:
- 2 kopjes gekookte kikkererwten (kekerbonen)
- 1/4 kop (59 ml) vers Yuzu-sap
- 1/4 kop (59 ml) tahini
- De helft van een groot teentje knoflook, fijngehakt
- 2 eetlepels olijfolie of komijnolie , plus meer voor serveren
- 1/2 tot 1 theelepel zout
- 1/2 theelepel gemalen komijn
- 2 tot 3 eetlepels water
- Een scheutje paprikapoeder voor het serveren

## INSTRUCTIES:
a) Combineren tahin En Yuzu sap En mengen voor 1 minuut. Toevoegen de olijf olie, gehakt knoflook, komijn En de zout naar tahin En citroen mengsel. Proces voor 30 seconden, schrapen zijkanten En Dan proces 30 seconden meer.

b) Toevoegen half van de kikkererwten naar de voedsel verwerker En proces voor 1 minuut. Schrapen zijkanten, toevoegen overig kikkererwten En proces voor 1 naar 2 minuten.

c) Overdracht de humus naar binnen A schaal Dan motregen over 1 Eetlepels van olijf olie over de bovenkant En strooi met paprika.

## 20. Back-To-Basics Hummus

## INGREDIËNTEN:
- 3 naar 4 knoflook kruidnagel
- 1 1/2 kopjes gekookt of 1 (15,5 ounce) kan kikkererwten, gedraineerd En gespoeld
- 1 kopje sap van 1 citroen
- ½ theelepel zout
- 1/8 theelepel grond cayenne
- 2 eetlepels olijf olie
- Zoet of gerookt paprika, voor garnering

## INSTRUCTIES:
a) In A voedsel verwerker, proces de knoflook tot fijn gehakt. Toevoegen de kikkererwten En tahin En proces tot zacht. Toevoegen de citroen sap, zout naar smaak, En cayenne En proces tot Goed gecombineerd.
b) Met de machine rennen, stroom in de olie En proces tot zacht.
c) Smaak, aanpassen kruiden als nodig. Overdracht naar A medium schaal En strooi met paprika naar dienen. Als niet gebruik makend van rechts weg, omslag En koelen tot nodig zijn.
d) Op de juiste manier opgeslagen Het zullen houden in de koelkast voor omhoog naar 4 dagen.

## 21.Hummus van geroosterde rode paprika

**INGREDIËNTEN:**
- 2 knoflook kruidnagel, verpletterd
- 11/2 kopjes gekookt of 1 (15,5 ounce) kan kikkererwten, gedraineerd En gespoeld
- 2 geroosterd rood paprika's
- 1 eetlepel vers limoen sap
- Zout
- Grond cayenne

**INSTRUCTIES:**
a) In A voedsel verwerker, proces de knoflook tot fijn gehakt. Toevoegen de kikkererwten En rood peper En proces tot zacht.
b) Toevoegen de limoen sap En zout En cayenne naar smaak. Proces tot Goed blended. Smaak, aanpassen kruiden als nodig.
c) Overdracht naar A medium schaal En dienen. Als niet gebruik makend van rechts weg, omslag En koelen tot nodig zijn. Op de juiste manier opgeslagen, Het zullen houden voor omhoog naar 3 dagen.

## 22.Hummus van witte bonen en dille

**INGREDIËNTEN:**
- 2 knoflook kruidnagel, verpletterd
- 1 1/2 kopjes gekookt of 1 (15,5 ounce) kan wit bonen, zo een als Geweldig Noordelijk, gedraineerd En gespoeld
- 2 eetlepels vers citroen sap
- ¼ beker vers Dille of 2 eetlepels droog
- 1/8 theelepel grond cayenne
- 2 eetlepels olijf olie

**INSTRUCTIES:**
a) In A voedsel verwerker, proces de knoflook tot fijn gehakt. Toevoegen de kikkererwten En tahin En proces tot zacht. Toevoegen de citroen sap, Dille, zout, En cayenne En proces tot Goed blended.
b) Met de machine rennen, stroom in de olie En proces tot zacht. Smaak, aanpassen kruiden als nodig. Overdracht naar A medium schaal En omslag En koelen 2 uur voor portie. De smaken verbeteren En intensiveren als gemaakt vooruit. Op de juiste manier opgeslagen, Het zullen houden voor omhoog naar 3 dagen.

## 23.Rokerige Chipotle-Pinto Hummus

**INGREDIËNTEN:**
- 1 knoflook kruidnagel, verpletterd
- 1 1/2 kopjes gekookt of 1 (15,5 ounce) kan pinto bonen, gedraineerd En gespoeld
- 2 theelepels vers limoen sap
- Zout En vers grond zwart peper
- 1 eetlepel fijn gehakt groente uien, voor garnering

**INSTRUCTIES:**
a) In A voedsel verwerker, proces de knoflook tot fijn gehakt. Toevoegen de bonen En chipotle En proces tot zacht. Toevoegen de limoen sap En zout En peper naar smaak. Proces tot Goed blended.

b) Overdracht naar A medium schaal En strooi met de groente uien. Dienen rechts weg of omslag En koelen voor 1 naar 2 uur naar toestaan de smaken naar intensiveren.

c) Op de juiste manier opgeslagen, Het zullen houden voor omhoog naar 3 dagen.

## 24. Noord-Indiase Hummus

**INGREDIËNTEN:**
- 2 kopjes (396 G) gekookt geheel bonen of linzen
- Sap van 1 medium citroen
- 1 kruidnagel knoflook, geschild, bijgesneden En grof gehakt
- 1 theelepel ruw zee zout
- 1 theelepel grond zwart peper
- ½ theelepel Geroosterd Grond Komijn
- ½ theelepel grond koriander
- ¼ beker (4 G) gehakt vers koriander
- ⅓ beker (79 ml) plus 1 eetlepel olijf olie
- 1–4 eetlepels (15–60 ml) water
- ½ theelepel paprika, voor garnering

**INSTRUCTIES:**

a) In A voedsel verwerker, combineren de bonen of linzen, citroen sap, knoflook, zout, zwart peper, komijn, koriander, En koriander. Proces tot Goed gemengd.

b) Met de machine nog steeds rennen, toevoegen de olie. Doorgaan naar proces tot de mengsel is romig En zacht, toevoegen water als nodig zijn, 1 eetlepel bij A tijd.

## 25.Extra zachte hummus

## INGREDIËNTEN:
- 2 (14 ounce) blikjes kikkererwten
- 2 knoflook kruidnagel, vernield
- ¼ theelepel grond komijn
- Sap van 1 citroen, plus meer als nodig zijn
- ½ beker tahin
- 2 eetlepels extra vierge olijf olie, plus meer voor portie
- Vlokkig zee zout
- Geroosterd pijnboom noten, voor portie (optioneel)

## INSTRUCTIES:
a) In de druk fornuis pot, combineren de kikkererwten, de vloeistof van de blikjes, En de knoflook. Slot de deksel in plaats En kok op hoog druk voor 10 minuten. Snel of natuurlijk uitgave, Dan open wanneer de druk neemt af.

b) Reserveren ½ beker van de koken vloeistof En droogleggen de rest. Overdracht de kikkererwten En knoflook naar A voedsel verwerker En pols tot grotendeels zacht, over 3 minuten. Toevoegen de komijn, citroen sap, tahini, En olijf olie En pols naar combineren, over 1 minuut. Terwijl pureren, langzaam toevoegen de gereserveerd koken vloeistof, 1 eetlepel bij A tijd, tot jouw gewenst samenhang is bereikt. Smaak En toevoegen zout als nodig zijn.

c) Lepel de humus naar binnen A schaal. Dienen met olijf olie En geroosterd pijnboom noten, als gewenst. Winkel de humus gekoeld in een luchtdicht houder voor omhoog naar 1 week.

## 26.Hummus van sojabonen

**INGREDIËNTEN:**
- 1 beker Droog soja bonen - doorweekt En gedraineerd
- 3 eetlepels Citroen sap
- ¼ beker Olijf olie
- 2 eetlepels Gehakt vers peterselie
- 1 Knoflook kruidnagel
- Zout En peper

**INSTRUCTIES:**
a) Puree alle ingrediënten in A voedsel verwerker tot zacht.
b) Genieten.

## 27. Curried Kikkererwtenhummus

## INGREDIËNTEN:
- 1/2 beker droog kikkererwten; doorweekt
- 1 baai blad
- 1/4 theelepel gepoederd komijn
- 1/4 veel Peterselie; gehakt.
- 1/4 theelepel paprika
- 2 knoflook kruidnagel
- 1 Eetlepel tahin
- 1/2 citroen; sap
- 1/4 theelepel zee zout
- 1 Eetlepel olijf olie

## INSTRUCTIES:
a) In een Direct Pot, combineren 3 kopjes water, kikkererwten, baai blad, En knoflook kruidnagel.
b) Dichtbij de onmiddellijk pot deksel En kok op hoog druk voor 18 minuten.
c) Doen A Natuurlijk uitgave En open de onmiddellijk pot omslag wanneer Het piept.
d) Verwijderen de baai blad En deformatie de gekookt kikkererwten.
e) Fruiten voor 2 minuten in de Direct Pot met de olie En de aanvullend ingrediënten. Mengen.
f) Combineren alle ingrediënten in A mengen schaal En dienen.

## 28.Rode Paprika Hummus (Bean-Free)

**INGREDIËNTEN:**
- ½ beker sesam zaden, grond naar binnen A poeder
- 2 theelepels gehakt knoflook
- 1 theelepel zee zout
- 2 kopjes gezaaid En in blokjes gesneden rood klok peper
- 1/3 beker tahin
- ¼ beker citroen sap
- ½ theelepel grond komijn

**INSTRUCTIES:**
a) In A voedsel verwerker, proces de sesam zaden, knoflook, En zout naar binnen klein stukken.
b) Toevoegen de overige ingrediënten En proces tot zacht.
c) Zullen houden voor 2 dagen in de koelkast.

## 29. Courgette Hummus

**INGREDIËNTEN:**
- 4 kopjes courgette, gehakt
- 3 eetlepels vegetarisch voorraad
- ¼ beker olijf olie
- Zout En zwart peper naar de smaak
- 4 knoflook kruidnagel, gehakt
- ¾ beker sesam zaden Plakken
- ½ beker citroen sap
- 1 eetlepel komijn, grond

**INSTRUCTIES:**
a) Set jouw onmiddellijk pot op fruiten modus, toevoegen half van de olie, warmte Het omhoog, toevoegen courgette En knoflook, roeren En kok voor 2 minuten.
b) Toevoegen voorraad, zout En peper, omslag pot En kok op Hoog voor 4 minuten meer.
c) Overdracht courgette naar jouw blender, toevoegen de rest van de olie, sesam zaden Plakken, citroen sap En komijn, pols Goed, overdracht naar kommen En dienen als A snack.
d) Genieten!

## 30.Hummus Kawarma (Lamsvlees) met Citroensaus

## INGREDIËNTEN:
### KAWARMA
- 10½ oz / 300 G nek filet van lam, fijn gehakt door hand
- ¼ theelepel vers grond zwart peper
- ¼ theelepel vers grond wit peper
- 1 theelepel grond piment
- ½ theelepel grond kaneel
- Goed kneep van vers geraspt nootmuskaat
- 1 theelepel verpletterd droog Za'atar of oregano bladeren
- 1 eetlepel wit wijn azijn
- 1 eetlepel gehakt munt
- 1 eetlepel gehakt platbladig peterselie
- 1 theelepel zout
- 1 eetlepel ongezouten boter of ghee
- 1 theelepel olijf olie

### CITROEN SAUS
- ⅓ oz / 10 G platbladig peterselie, fijn gehakt
- 1 groente Chili, fijn gehakt
- 4 eetlepel vers geperst citroen sap
- 2 eetlepel wit wijn azijn
- 2 kruidnagel knoflook, verpletterd
- ¼ theelepel zout

**INSTRUCTIES:**

a) Naar maken de Kawarma, plaats alle de ingrediënten deel van de boter of ghee En olie in A medium schaal. Mengen Goed, omslag, En toestaan de mengsel naar marineren in de koelkast voor 30 minuten.

b) Zojuist voor Jij Zijn klaar naar kok de vlees, plaats alle de ingrediënten voor de citroen saus in A klein schaal En roeren Goed.

c) Warmte de boter of ghee En de olijf olie in A groot frituren pan over gemiddeld hoog warmte. Toevoegen de vlees in twee of drie batches En roeren als Jij bak elk partij voor 2 minuten. De vlees zou moeten zijn licht roze in de midden.

d) Verdeling de humus te midden van 6 individueel oppervlakkig kommen, vertrekken A gering hol in de centrum van elk. Lepel de warm kawarma naar binnen de hol En verstrooien met de gereserveerd kikkererwten. Motregen royaal met de citroen saus En garnering met sommige peterselie En de pijnboom noten.

# 31.Musabaha & geroosterde pita

**INGREDIËNTEN:**
- 1¼ kopjes / 250 G droog kikkererwten
- 1 theelepel bakken Frisdrank
- 1 eetlepel grond komijn
- 4½ eetlepel / 70 G licht tahin Plakken
- 3 eetlepel vers geperst citroen sap
- 1 kruidnagel knoflook, verpletterd
- 2 eetlepel ijskoud water
- 4 klein pita's (4 oz / 120 G in totaal)
- 2 eetlepel olijf olie
- 2 eetlepel gehakt platbladig peterselie
- 1 theelepel zoet paprika
- zout En vers grond zwart peper

**TAHINI SAUS**
- 5 eetlepel / 75 G licht tahin Plakken
- ¼ beker / 60 ml water
- 1 eetlepel vers geperst citroen sap
- ½ kruidnagel knoflook, verpletterd

**CITROEN SAUS**
- ⅓ oz / 10 G platbladig peterselie, fijn gehakt
- 1 groente Chili, fijn gehakt
- 4 eetlepel vers geperst citroen sap
- 2 eetlepel wit wijn azijn
- 2 kruidnagel knoflook, verpletterd
- ¼ theelepel zout

**INSTRUCTIES:**

a) Volgen de <u>Basis humus</u> recept voor de methode van weken En koken de kikkererwten, Maar kok hen A klein minder; zij zou moeten hebben A klein weerstand links in hen Maar nog steeds zijn geheel gekookt. Droogleggen de gekookt kikkererwten, reserveren ⅓ kopjes / 450 G) met de gereserveerd koken water, de komijn, ½ theelepel zout, En ¼ theelepel peper. Houden de mengsel warm.

b) Plaats de overig kikkererwten (1 beker / 150 G) in A klein voedsel verwerker En proces tot Jij krijgen A stijf Plakken. Dan, met de machine nog steeds rennen, toevoegen de tahin Plakken, citroen sap, knoflook, En ½ theelepel zout. Eindelijk, langzaam motregen in de ijskoud water En mengen voor over 3 minuten, tot Jij krijgen A erg zacht En romig Plakken. Vertrekken de humus naar een kant.

c) Terwijl de kikkererwten Zijn koken, Jij kan voorbereiden de ander elementen van de gerecht. Voor de tahin saus, neerzetten alle de ingrediënten En A kneep van zout in A klein schaal. Mengen Goed En toevoegen A klein meer water als nodig zijn naar krijgen A samenhang lichtelijk vloeibaarder dan Honing.

d) Volgende, mengen samen alle de ingrediënten voor de citroen saus, En set opzij.

e) Eindelijk, open omhoog de pita's, scheuren de twee zijkanten deel. Plaats onder A heet vleeskuikens voor 2 minuten, tot gouden En volledig droog. Toestaan naar koel omlaag voor breken naar binnen vreemd gevormd stukken.

f) Verdeling de humus te midden van vier individueel oppervlakkig kommen; niet niveau Het of druk op Het omlaag, Jij wil de hoogte. Lepel over de warm kikkererwten, gevolgd door de tahin saus, de citroen saus, En A motregen van olijf olie. Garneer met de peterselie En A strooi van paprika En dienen, vergezeld met de geroosterd pita stukken.

## 32.Echte Hummus

## INGREDIËNTEN:
- 19oz garbanzo bonen, half de vloeistof gereserveerd
- 2 eetlepels tahin
- 2 kruidnagel knoflook, verdeeld
- 4 eetlepels groente bouillon
- 4 eetlepels citroen sap
- 1 theelepel zout
- Zwart peper naar smaak

## INSTRUCTIES:
a) Beginnen door hakken de knoflook, Dan combineren Het met de garbanzo bonen in A blender En pols. Reserveren 1 eetlepel van garbanzo bonen voor garnering.
b) In de blender, mengen de gereserveerd vloeistof, tahin citroen sap, En zout. Mengen de mengsel tot Het is zacht En romig.
c) Half gevuld A portie schaal met de mengsel.
d) Seizoen met peper En giet in de groente bouillon. Garneer met garbanzo bonen als gewenst.

## 33.Hummus van artisjokken

**INGREDIËNTEN:**
- 2 kopjes Gekookt garbanzo bonen
- 1 beker Artisjok harten
- 6 Kruidnagel knoflook
- 2 Citroenen
- ½ theelepel Paprika
- ½ theelepel Komijn
- ½ theelepel Koosjer zout
- ½ theelepel Wit peper
- Maagd olijf olie

**INSTRUCTIES:**

a) Sap de citroenen. Combineren alle ingrediënten Maar de olie in de schaal van A voedsel verwerker, draai op, En langzaam motregen in olijf olie als de ingrediënten Zijn wezen verwerkt naar A romig samenhang.

## 34. Selderij met witte bonenhummus

## INGREDIËNTEN:
- ¼ pond Gespoeld gedraineerd ingeblikt wit nier; (cannellini) bonen
- 1 eetlepel Tahin; (sesam Plakken)
- 2 theelepels Gehakt sjalotten
- 2 theelepels Vers geperst citroen sap
- ¼ theelepel Knoflook poeder
- 1 streepje Peper
- 1 eetlepel Fijn gehakt vers dille OF 1/2 theelepel droog dillekruid
- 2 mediums Selderij ribben snee naar binnen tien 2\" stukken

## INSTRUCTIES:
a) Gewoon Licht Koken In voedsel verwerker, combineren alle ingrediënten behalve dille En selderij En proces tot mengsel lijkt op A zacht Plakken. Roeren in dille. Spreiding een gelijkwaardig hoeveelheid van Boon mengsel op elk deel van selderij.

## 35.Exotische bonenhummus

**INGREDIËNTEN:**
- 2 kopjes Gekookt wit bonen
- 1 eetlepel Tahin; (sesam boter)
- 1 eetlepel Gehakt knoflook
- 3 eetlepels Vers citroen sap
- 2 eetlepels Gehakt peterselie
- 1 theelepel Gehakt munt; optioneel
- 1 theelepel Geheel korrel mosterd
- ¼ theelepel Heet peper sesam olie; of naar smaak
- Zout; naar smaak
- Vers gemalen zwart peper; naar smaak

**INSTRUCTIES:**

a) In A voedsel verwerker of blender toevoegen alle de ingrediënten behalve de sesam olie En zout En peper En proces tot zacht. Toevoegen de heet sesam olie En de zout En peper naar smaak En combineren met A stel van kort barst.

b) Dun als gewenst met sommige van de Boon koken vloeistof, water of karnemelk.

c) Winkel bedekt in koelkast voor omhoog naar 5 dagen. Dit recept Makes over 2 kopjes van humus.

## 36.Vakantiehummus

**INGREDIËNTEN:**
- 2 mediums Kruidnagel van knoflook; (omhoog naar 3)
- 1 veel Vers peterselie
- 2 groot Lente-ui; snee naar binnen 1 inch stukken
- 2 blikjes (15-1/2 oz) kuiken erwten; gespoeld En gedraineerd
- 6 eetlepels Tahin
- 6 eetlepels Vers citroen sap
- 1 theelepel Zout

**INSTRUCTIES:**
a) Neerzetten knoflook, peterselie, En Lente-ui in A voedsel verwerker, En fijnhakken.
b) Toevoegen de kuiken erwten, tahini, citroen sap, En zout, En puree naar A dik Plakken.
c) Winkel in A nauw bedekt opslag houder En koelen.

## 37. Hummus met zongedroogde tomaten en koriander

## INGREDIËNTEN:
- 2½ beker Gekookt kikkererwten (1 beker droog), gedraineerd (reserveren sommige van de vloeistof) -of-
- 1 Kan, (15 ounce) gedraineerd (reserveren sommige van de vloeistof)
- 3 groot Knoflook kruidnagel, fijn gehakt (of naar smaak)
- ¼ beker Citroen sap
- 3 eetlepels Olijf olie -of-
- 2 eetlepels Olijf olie -En-
- 1 eetlepel Chili op smaak gebracht olijf olie
- 3 eetlepels Sesam tahin
- ¼ beker Vlak mager of geen vet yoghurt (meer als nodig zijn)
- ½ theelepel Komijn
- 3 Zon gedroogd tomaten in olie, gehakt ongeveer (omhoog naar 4)
- ¼ beker Vers koriander, fijn gehakt
- Zout
- 1 streepje Cayenne peper, of naar smaak (optioneel)
- Sommige fijn gehakt vers koriander voor garnering

## INSTRUCTIES:
a) Karbonade de knoflook in A voedsel verwerker gemonteerd met de staal blad. Toevoegen de kikkererwten. Proces voor over A minuut, tot de kikkererwten Zijn gehakt En melig.

b) Toevoegen de citroen sap, olijf olie, tahini, half van de yoghurt En A streepje van cayenne peper. Proces tot zacht. Dun uit als gewenst met de overig yoghurt En sommige extra olijf olie. De mengsel zou moeten zijn zacht Maar niet vloeibaar. Als de mengsel lijkt te droog, toevoegen A beetje van de gereserveerd vloeistof van de kikkererwten of A beetje meer olie.

c) Verwijderen mengsel van de voedsel verwerker En plaats in schaal. Roeren in de gehakt zon gedroogd tomaten En de fijn gehakt koriander. Smaak En aanpassen kruiden. Garneer met de extra gehakt koriander.

d) Dienen met rauw groenten en/of pita brood gesneden naar binnen driehoekig wiggen.

## 38. Hummus met geroosterde pijnboompitten en peterselieolie

**INGREDIËNTEN:**
- ¼ beker Ingepakt vers platbladig peterselie takjes
- ; plus 2 naar 3 aanvullend takjes
- ¾ beker Extra vierge olijf olie
- 3 eetlepels Pijnboom noten
- 1 theelepel Komijn zaden
- 2 blikjes Kikkererwten; (19-ounce)
- 4 Knoflook kruidnagel
- ⅔ beker Goed geroerd tahin*; (Midden Oostelijk
- ; sesam Plakken)
- ⅔ beker Water
- 5 eetlepels Vers citroen sap
- 1 theelepel Zout
- Geroosterd pita chips

**INSTRUCTIES:**
a) voorverwarmen oven naar 350 graden.
b) In A blender of klein voedsel verwerker puree ¼ beker peterselie met ¼ beker olie. Giet mengsel door A prima zeef set over A schaal, drukken moeilijk op vaste stoffen, En weggooien vaste stoffen.
c) In A klein bakken pan geroosterd brood pijnboom noten En komijn zaden, roeren af en toe, tot noten Zijn gouden, over 10 minuten.
d) In A vergiet afspoelen En droogleggen kikkererwten En in A voedsel verwerker puree ½ beker met knoflook tot knoflook is fijn gehakt.
e) Toevoegen tahini, water, citroen sap, zout, overig kikkererwten, En overig ½ beker olijf olie En puree tot zacht. Recept kunnen zijn voorbereid omhoog naar dit punt 3 dagen vooruit.
f) Houden humus En peterselie olie gekoeld, bedekt, En pijnboom noten En komijn zaden in een luchtdicht houder bij kamer temperatuur. Brengen peterselie olie naar kamer temperatuur voor gebruik makend van.
g) Strip bladeren van aanvullend peterselie takjes. Verdeling humus tussen 2 oppervlakkig borden En zacht topjes. Motregen humus met peterselie olie En strooi met peterselie, pijnboom noten, En komijn zaden.
h) Dienen humus met pita toast.

## 39. Hummus met pompoen en granaatappel

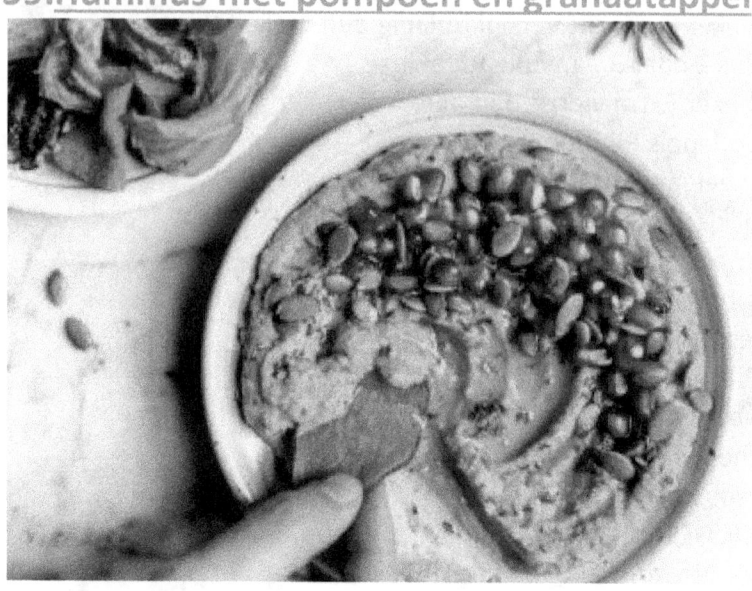

**INGREDIËNTEN:**
- 1 beker Gekookt kikkererwten
- 1 beker Pompoen, gekookt En gepureerd, of ingeblikt pompoen
- 2 eetlepels Tahin, oorsprong genaamd voor 1/3 beker
- ¼ beker Vers peterselie, gehakt
- 3 Kruidnagel knoflook, gehakt
- 2 Granaatappels

**INSTRUCTIES:**
a) Pita brood, gesplitst En opgewarmd, of ander crackers, brood, groenten
b) Puree de kikkererwten, pompoen, tahini, peterselie, En knoflook tot zacht.
c) Overdracht naar A portie bord.
d) Brood open de granaatappels En verschillend de zaden van de binnen membraan. Strooi Hij zaden over de humus dienen gekoeld of bij kamer temperatuur met de pita's of ander "dippers".

## 40.Hummus met tomatensaus

**INGREDIËNTEN:**
- 16 blikjes Kikkererwten
- 1 Citroen
- 1 Kruidnagel knoflook
- ½ theelepel Tahin
- 2 eetlepels Olijf olie
- ½ theelepel Zout
- 1 Ui
- 1 Tomaat
- 1 beker Ruw gehakt peterselie

**INSTRUCTIES:**

a) Droogleggen de kikkererwten, reserveren ¼ beker vloeistof. Knijpen de sap van de citroen.

b) Fijnhakken de knoflook, puree de kikkererwten En gereserveerd vloeistof, citroen sap, knoflook, tahini, olie En zout in A voedsel verwerker tot erg zacht.

c) Karbonade de ui En tomaat En toss met de peterselie. Neerzetten de humus op A bord En regelen de relish volgende naar Het.

d) Motregen de humus met aanvullend olijf olie.

## 41. Vetarme hummusdip

**INGREDIËNTEN:**
- 1 kan (16 oz) garbanzo bonen; kikkererwten
- 1 theelepel Tahin
- 1 theelepel Extra vierge olijf olie
- 1 theelepel Gehakt knoflook
- 1 eetlepel Water
- ¼ theelepel Peper
- 2 theelepels Vers citroen sap
- Cayenne peper naar smaak
- ½ theelepel Komijn
- ⅛ theelepel Zout
- 2 Hard gekookt eieren; dooiers VERWIJDERD
- 2 eetlepels Gehakt zwart olijven
- 1 Takje peterselie

**INSTRUCTIES:**
a) Droogleggen En afspoelen de garbanzo bonen. Poging naar verwijderen als veel van de loszittend buitenste aan het bedekken van de bonen tijdens de spoelen proces als mogelijk. Weggooien deze buitenste bekledingen. Proces alle ingrediënten behalve de eieren, olijven, En peterselie in A blender of voedsel verwerker tot zacht. Plaats in A portie gerecht.
b) Verwijderen de ei dooiers En redden voor een andere recept of weggooien. Karbonade de ei blanken naar binnen klein stukken, mengen met de olijven, En strooi over de duik.
c) Garneer met peterselie naar dienen.

## 42.Saskatchewan-hummus

**INGREDIËNTEN:**
- ¼ beker Pinda boter
- ½ theelepel Komijn
- ½ theelepel Zout
- 2 kruidnagel Knoflook
- 2 eetlepels Citroen sap
- 3 eetlepels ;heet water
- 1 theelepel Sesam olie
- 2½ beker Geel gesplitst erwten; gekookt
- Vers peterselie
- Pinda's; optioneel
- Zwart olijven; optioneel

Meest Hummus recepten begin met Garbanzo bonen; dit variatie toepassingen geel gesplitst erwten En A klein pinda boter.

**INSTRUCTIES:**

a) Combineren pinda boter, komijn, zout En knoflook. Toevoegen citroen sap, heet water En sesam olie; mengen diepgaand. Puree de gesplitst erwten; toevoegen pinda boter En mengen. Garneer met peterselie En optioneel gehakt pinda's of gesneden zwart olijven. Dienen met Pita brood En vers groenten voor dompelen.

## 43. Pesto-hummus

**INGREDIËNTEN:**
- 1 kan Kikkererwten (garbanzo bonen), Bijna gedraineerd (houden sap)
- 2 trossen Basilicum (of Dus), gehakt.
- ½ Citroen sap

**INSTRUCTIES:**

a) Neerzetten kikkererwten, basilicum, En sommige van de citroen naar binnen schaal. Puree gebruik makend van blender. Toevoegen citroen sap tot samenhang En smaak Zijn aangenaam. Als nog steeds te dik, Jij kan toevoegen sommige van de overgebleven sap van de kikkererwt kan. Dienen als A duik of gebruik als A spreiding op vers brood.

## 44.Romige bloemkoolhummus

**INGREDIËNTEN:**
- 1 bloemkool hoofd, snee naar binnen roosjes
- 2 eetlepel vers limoen sap
- 1 theelepel knoflook, gehakt
- 1/3 beker tahin
- 3 eetlepel olijf olie
- Peper
- Zout

**INSTRUCTIES:**
a) Spreiding bloemkool op de laken pan.
b) Selecteer bakken modus Dan set de temperatuur naar 400 °F En tijd voor 35 minuten. druk op begin.
c) Eenmaal de Lucht frituur Oven is voorverwarmd Dan plaats de laken pan naar binnen de oven.
d) Overdracht bloemkool naar binnen de voedsel verwerker. Toevoegen overige ingrediënten En proces tot zacht.
e) Dienen En genieten.

## 45.Geroosterde wortelhummus

**INGREDIËNTEN:**
- 1 kan van kikkererwten, gespoeld En gedraineerd.
- 3 wortels.
- 1 kruidnagel knoflook.
- 1 theelepel van paprika.
- 1 geladen eetlepel van tahin.
- De sap van 1 citroen
- 2 Eetlepels van aanvullend maagd olijf olie.
- 6 Eetlepels van water.
- ½ theelepels komijn poeder.
- Zout naar smaak.

**INSTRUCTIES:**
a) voorverwarmen de oven naar 400° F. Wassen En Pel de wortels En snee hen naar binnen klein stukken, neerzetten hen op A bakken dienblad met A motregen van olijf olie, A kneep van zout En half A theelepel van paprika. Bakken voor over 35 minuten omhoog tot de wortel is zacht.
b) Nemen hen uit van de oven En laten koel.
Terwijl zij koel, voorbereiden de humus: wassen En droogleggen Goed de kikkererwten En neerzetten hen in A voedsel molen met de rest van de actief ingrediënten En procedure tot Jij zien A goed gecombineerd mengsel. Dan toevoegen de wortels En de knoflook En procedure opnieuw!

# BABA GANOUSH

## 46. Baba Ganoush

**INGREDIËNTEN:**
- 1 Grote aubergine
- Een handvol peterselie
- 1-2 teentjes knoflook
- Sap van 2 citroenen
- 2 eetlepels tahin
- Zout en zwarte peper naar smaak

**INSTRUCTIES:**
a) Verwarm de grill voor op middelhoog en bak de aubergine in zijn geheel ongeveer een half uur.
b) Snij het in stukken, schraap het binnenste eraf met een lepel en doe het vruchtvlees in een zeef.
c) Mixen tot een gladde substantie.

# 47. Rokerige, Geroosterde Aubergine Dip

## INGREDIËNTEN:
- 3 bol-aubergines (ongeveer 3 pond, of 1,35 kg, totaal)
- 1 rode ui, ongeschild
- 2 teentjes knoflook, gehakt
- ¼ kopje (60 ml) olijfolie, plus meer om te besprenkelen
- ¾ theelepel koosjer zout, plus meer voor kruiden
- ¼ kopje (60 g) tahini
- 2 eetlepels (30 ml) vers citroensap
- ¼ theelepel gemalen komijn
- Handvol gehakte verse peterselie, plus meer voor garnering
- Sumak, voor garnering

## INSTRUCTIES:
a) Bereid een heet vuur van één niveau in een vuurplaats en verdeel de kolen in een vlak, uniform bed van minimaal 5 cm diep.
b) Prik de aubergines op verschillende plaatsen in met een vork.
c) Leg de aubergines en rode ui direct op de kolen. Grill, af en toe draaiend, tot de aubergines zijn ingezakt, hun vruchtvlees heel zacht is en de schil overal verkoold is, ongeveer 20 minuten voor de aubergines en 30 minuten voor de ui.
d) Leg de groenten op een snijplank en laat afkoelen.
e) Halveer de aubergines in de lengte. Schep het vruchtvlees eruit en doe het in een zeef. (Het is prima om een deel van de verbrande stukjes eraan te laten zitten, omdat ze smaak toevoegen.) Laat het minstens 15 minuten uitlekken, waarbij je het vruchtvlees indien nodig met de achterkant van een lepel pureert om overtollige vloeistof vrij te laten.
f) Snijd en pel intussen de ui. Hak het grof en doe het in een keukenmachine. Voeg de knoflook, olijfolie en zout toe. Pureer tot een dikke puree. Voeg de aubergine, tahini, citroensap en komijn toe. Pulseer totdat de ingrediënten zijn gecombineerd maar nog steeds wat textuur hebben. Proef en voeg naar wens meer zout toe.
g) Doe de baba ghanoush in een middelgrote kom en roer de peterselie erdoor.
h) Besprenkel met een beetje olijfolie, strooi er een snufje Sumak over en garneer met peterselie voordat je het serveert.

## 48.Italiaanse Baba Ganoush

**INGREDIËNTEN:**
- 4 grote Italiaanse aubergines
- 2 teentjes geperste knoflook
- 2 theelepels koosjer zout, of naar smaak
- 1 citroen, uitgeperst, of meer naar smaak
- 3 eetlepels tahini, of meer naar smaak
- 3 eetlepels extra vergine olijfolie
- 2 eetlepels gewone Griekse yoghurt
- 1 snufje cayennepeper, of naar smaak
- 1 blad verse munt, fijngehakt (optioneel)
- 2 eetlepels gehakte verse Italiaanse peterselie

**INSTRUCTIES:**

a) Verwarm een buitengrill voor op middelhoog vuur en olie het rooster lichtjes in.
b) Prik meerdere keren in het oppervlak van de auberginehuid met de punt van een mes.
c) Leg aubergines direct op de grill. Draai regelmatig met een tang terwijl de huid verkoolt.
d) Kook tot de aubergines zijn ingestort en heel zacht zijn, ongeveer 25 tot 30 minuten.
e) Doe het in een kom, dek het goed af met aluminiumfolie en laat het ongeveer 15 minuten afkoelen.
f) Als de aubergines voldoende zijn afgekoeld om te hanteren, verdeel ze dan in tweeën en schraap het vruchtvlees in een vergiet dat boven een kom is geplaatst.
g) Laat 5 of 10 minuten uitlekken.
h) Doe de aubergine in een mengkom en voeg de geplette knoflook en het zout toe.
i) Pureer tot het romig maar met een beetje textuur is, ongeveer 5 minuten.
j) Klop het citroensap, de tahini, de olijfolie en de cayennepeper erdoor.
k) Roer de yoghurt erdoor.
l) Bedek de kom met plasticfolie en zet in de koelkast tot hij volledig gekoeld is, ongeveer 3 of 4 uur.
m) Proef om de kruiden aan te passen.
n) Roer voor het serveren de fijngehakte munt en gehakte peterselie erdoor.

## 49. Bieten Baba Ganoush

**INGREDIËNTEN:**
- 2 middelgrote bieten, geroosterd en geschild
- 2 middelgrote aubergines, geroosterd en geschild
- 2 teentjes knoflook, fijngehakt
- 2 eetlepels tahin
- Sap van 1 citroen
- 2 eetlepels olijfolie
- Zout en peper naar smaak
- Verse peterselie, gehakt (voor garnering)

**INSTRUCTIES:**
a) Verwarm uw oven voor op 200°C. Wikkel de bieten afzonderlijk in aluminiumfolie en rooster ze ongeveer 45-60 minuten, of tot ze gaar zijn. Laat ze afkoelen, pel ze en snij ze in blokjes.
b) Rooster de aubergines samen met de bieten gedurende ongeveer 30-40 minuten, of tot de schil verkoold is en het vruchtvlees zacht is. Laat ze afkoelen, pel ze en snij ze in blokjes.
c) Meng in een keukenmachine de geroosterde bieten, geroosterde aubergine, gehakte knoflook, tahini, citroensap en olijfolie. Mixen tot een gladde substantie.
d) Breng op smaak met zout en peper. Pas de consistentie indien gewenst aan met extra olijfolie of tahini.
e) Doe de baba ganoush van bieten in een serveerschaal en garneer voor het serveren met gehakte verse peterselie.
f) Lekker met pitabroodje, crackers of gesneden groenten.

## 50.Avocado Baba Ganoush

## INGREDIËNTEN:

- 2 rijpe avocado's
- 2 middelgrote aubergines, geroosterd en geschild
- 2 teentjes knoflook, fijngehakt
- 2 eetlepels tahin
- Sap van 1 limoen
- 2 eetlepels olijfolie
- Zout en peper naar smaak
- Koriander, gehakt (voor garnering)

## INSTRUCTIES:

a) Meng in een keukenmachine het vruchtvlees van de rijpe avocado's, de geroosterde en gepelde aubergines, de gehakte knoflook, tahini, limoensap en olijfolie. Mixen tot een gladde substantie.
b) Breng op smaak met zout en peper. Pas indien nodig de consistentie aan met extra olijfolie of tahini.
c) Doe de avocado baba ganoush in een serveerschaal en garneer met gehakte koriander voordat je hem serveert.
d) Serveer met tortillachips, geroosterd pitabroodje of groentesticks om te dippen.

## 51. Curry Baba Ganoush

## INGREDIËNTEN:
- 2 middelgrote aubergines, geroosterd en geschild
- 2 teentjes knoflook, fijngehakt
- 2 eetlepels tahin
- Sap van 1 citroen
- 2 eetlepels olijfolie
- 1 theelepel kerriepoeder
- 1/2 theelepel gemalen komijn
- 1/4 theelepel gemalen koriander
- Zout en peper naar smaak
- Verse koriander, fijngehakt (voor garnering)

## INSTRUCTIES:
a) Meng in een keukenmachine de geroosterde en gepelde aubergines, gehakte knoflook, tahini, citroensap, olijfolie, kerriepoeder, gemalen komijn en gemalen koriander. Mixen tot een gladde substantie.
b) Breng op smaak met zout en peper. Pas desgewenst de smaak of consistentie aan met extra kruiden, citroensap of olijfolie.
c) Doe de curry baba ganoush in een serveerschaal en garneer met gehakte verse koriander voordat je hem serveert.
d) Serveer met naanbrood, pitabroodjes of rauwkost om te dippen.

## 52. Walnoot Baba Ganoush

**INGREDIËNTEN:**
- 2 middelgrote aubergines, geroosterd en geschild
- 1/2 kopje walnoten, geroosterd
- 2 teentjes knoflook, fijngehakt
- 2 eetlepels tahin
- Sap van 1 citroen
- 2 eetlepels olijfolie
- 1/4 theelepel gemalen komijn
- Zout en peper naar smaak
- Verse peterselie, gehakt (voor garnering)

**INSTRUCTIES:**
a) Meng in een keukenmachine de geroosterde en geschilde aubergines, geroosterde walnoten, gehakte knoflook, tahini, citroensap, olijfolie en gemalen komijn. Mixen tot een gladde substantie.
b) Breng op smaak met zout en peper. Pas indien nodig de smaak of consistentie aan met extra citroensap of olijfolie.
c) Doe de walnoot baba ganoush in een serveerschaal en garneer met gehakte verse peterselie voordat je hem serveert.
d) Serveer met crackers, broodstengels of rauwkost om te dippen.

# 53.Geroosterde Rode Paprika Baba Ganoush

**INGREDIËNTEN:**
- 2 middelgrote aubergines, geroosterd en geschild
- 2 geroosterde rode paprika's, geschild en ontpit
- 2 teentjes knoflook, fijngehakt
- 2 eetlepels tahin
- Sap van 1 citroen
- 2 eetlepels olijfolie
- Snufje gerookte paprika
- Zout en peper naar smaak
- Verse basilicumblaadjes, gehakt (voor garnering)

**INSTRUCTIES:**

a) Meng in een keukenmachine de geroosterde en geschilde aubergines, geroosterde rode paprika, gehakte knoflook, tahini, citroensap, olijfolie en gerookte paprika. Mixen tot een gladde substantie.

b) Breng op smaak met zout en peper. Pas desgewenst de smaak of consistentie aan met extra citroensap of olijfolie.

c) Doe de geroosterde baba ganoush van rode paprika in een serveerschaal en garneer met gehakte verse basilicumblaadjes voordat je hem serveert.

d) Serveer met pitabroodjes, platbrood of groentesticks om te dippen.

## 54. Granaatappel Baba Ganoush

**INGREDIËNTEN:**
- 2 middelgrote aubergines, geroosterd en geschild
- Zaden van 1 granaatappel
- 2 teentjes knoflook, fijngehakt
- 2 eetlepels tahin
- Sap van 1 citroen
- 2 eetlepels olijfolie
- Snufje gemalen kaneel
- Zout en peper naar smaak
- Verse muntblaadjes, gehakt (voor garnering)

**INSTRUCTIES:**
a) Meng in een keukenmachine de geroosterde en geschilde aubergines, de zaden van een granaatappel, gehakte knoflook, tahini, citroensap, olijfolie en gemalen kaneel. Mixen tot een gladde substantie.
b) Breng op smaak met zout en peper. Pas indien nodig de smaak of consistentie aan met extra citroensap of olijfolie.
c) Doe de granaatappel baba ganoush in een serveerschaal en garneer met gehakte verse muntblaadjes voordat je hem serveert.
d) Serveer met geroosterd pitabroodje, lavashcrackers of rauwkost om te dippen.

## 55. Aubergine Walnoot Spread

## INGREDIËNTEN:
- 2 eetlepels olijf olie
- 1 klein ui, gehakt
- 1 klein aubergine, geschild En snee naar binnen -duim Dobbelsteen
- 2 knoflook kruidnagel, gehakt
- theelepel zout
- 1/8 theelepel grond cayenne
- beker gehakt walnoten
- 1 eetlepel vers gehakt basilicum
- 2 eetlepels veganistisch mayonaise
- 2 eetlepels gehakt vers peterselie, voor garnering

## INSTRUCTIES:
a) In A groot koekepan, warmte de olie over medium warmte. Toevoegen de ui, aubergine, knoflook, zout, En cayenne. Omslag En kok tot zacht, over 15 minuten. Roeren in de walnoten En basilicum En set opzij naar koel.
b) Overdracht de gekoeld aubergine mengsel naar A voedsel verwerker. Toevoegen de mayonaise En proces tot zacht. Smaak, aanpassen kruiden als nodig, En Dan overdracht naar A medium schaal En garnering met de peterselie.
c) Als niet gebruik makend van rechts weg, omslag En koelen tot nodig zijn.
d) Op de juiste manier opgeslagen, Het zullen houden voor omhoog naar 3 dagen.

# GUACAMOL

## 56.Knoflook- guacamole

**INGREDIËNTEN:**
- 2 avocado's, ontpit
- 1 tomaat, zonder zaadjes en fijngehakt
- ½ eetlepel vers limoensap
- ½ kleine gele uien, fijngehakt
- 2 teentjes knoflook, geperst
- ¼ theelepel zeezout
- Een vleugje peper
- Gehakt vers korianderblad

**INSTRUCTIES:**
a) Pureer de avocado's met een aardappelstamper in een kleine kom.
b) Serveer onmiddellijk nadat je de extra ingrediënten door de gepureerde avocado's hebt gemengd.

## 57. Geitenkaas-guacamole

**INGREDIËNTEN:**
- 2 avocado's
- 3 ons van geit kaas
- animo van 2 limoenen
- citroen sap van 2 limoenen
- ¾ theelepel knoflook poeder
- ¾ theelepel ui poeder
- ½ theelepel zout
- ¼ theelepel rood peper vlokken (optioneel)
- ¼ theelepel peper

**INSTRUCTIES:**
a) Toevoegen avocado's naar A voedsel verwerker En mengen tot zacht.
b) Toevoegen de rest van de ingrediënten En mengen tot opgenomen.
c) Dienen met chips.

# 58. Hummus-guacamole

**INGREDIËNTEN:**

- 1 elk Rijp avocado, geschild
- 2 kopjes Hummus bi tahin
- 1 elk lente-ui, gehakt
- 1 klein Tomaat, gehakt
- 1 eetlepel Groente pepers, gehakt
- Olijf olie
- Koriander, gehakt
- Pita

**INSTRUCTIES:**

a) Lepel avocado naar binnen A medium schaal. Pureer & toevoegen humus, mengen diepgaand. Voorzichtig roeren in de lente-ui, tomaat & pepers.
b) Rekening kruiden. Omslag & koelen.
c) Voor portie, motregen met olijf olie & garnering met koriander.
d) Dienen met pita wiggen.

## 59.Kimchi-guacamole

**INGREDIËNTEN:**
- 3 rijpe avocado's, gepureerd
- 1 kop kimchi, gehakt
- ¼ kopje rode ui, fijngesneden
- 1 limoen, uitgeperst
- Zout en peper naar smaak
- Tortillachips om erbij te serveren

**INSTRUCTIES:**
a) Pureer de avocado's in een kom.
b) Voeg gehakte kimchi, rode ui, limoensap, zout en peper toe. Goed mengen.
c) Serveer de kimchi-guacamole met tortillachips.

# 60. Spirulina Guacamole-dip

**INGREDIËNTEN:**
- 2 avocado's, ontpit
- Sap van 1 citroen
- Sap van 1 limoen
- 1 teentje knoflook, grof gehakt
- 1 middelgrote gele ui, grof gehakt
- 1 jalapeno, in plakjes gesneden
- 1 kopje korianderblaadjes
- 3 eetlepels spirulina
- 1 gezaaide en gehakte tomaat of ½ kopje druiventomaten, gehalveerd
- Zout en peper naar smaak

**INSTRUCTIES:**

a) Doe alle ingrediënten , behalve de tomaten, in een blender en mix tot alles gemengd is.

b) Roer de tomaten erdoor en breng op smaak.

# 61. Kokos Limoen Guacamole

**INGREDIËNTEN:**
- 2 rijpe avocado's
- Sap van 1 limoen
- Schil van 1 limoen
- 2 eetlepels gehakte verse koriander
- 2 eetlepels in blokjes gesneden rode ui
- 2 eetlepels geraspte kokosnoot
- Zout en peper naar smaak

**INSTRUCTIES:**
a) Pureer de rijpe avocado's in een kom met een vork tot ze romig zijn.
b) Voeg het limoensap, de limoenschil, de gehakte koriander, de in blokjes gesneden rode ui, de geraspte kokosnoot, het zout en de peper toe.
c) Meng goed om alle ingrediënten te combineren.
d) Proef en pas de kruiden naar wens aan.
e) Serveer de kokos-limoen guacamole met tortillachips of gebruik hem als heerlijke topping voor taco's, sandwiches of salades.
f) Geniet van de romige en pittige smaken van deze tropische variant op guacamole!

## 62. Nori Guacamole

**INGREDIËNTEN:**
- 1 avocado, geschild, ontpit en gepureerd
- 1 lente-uitje, in dunne plakjes gesneden
- 1 eetlepel vers limoensap
- 1 eetlepel gehakte koriander
- Kosjer zout en versgemalen peper
- 2 eetlepels verkruimelde geroosterde zeewiersnacks
- Bruine rijstwafels of crackers, om te serveren

**INSTRUCTIES:**
a) Meng avocado, lente-ui, limoensap en koriander in een kom.
b) Breng op smaak met zout en peper. Bestrooi met geroosterd zeewier en serveer met rijstwafels.

## 63.Passievrucht-guacamole

**INGREDIËNTEN:**
- 2 rijpe avocado's, geschild en gepureerd
- ¼ kopje in blokjes gesneden rode ui
- ¼ kopje gehakte verse koriander
- 1 jalapeñopeper, zonder zaadjes en in blokjes gesneden
- 2 eetlepels limoensap
- ¼ kopje passievruchtpulp
- Zout en peper naar smaak

**INSTRUCTIES:**
a) Meng in een kom de gepureerde avocado, rode ui, koriander, jalapeñopeper, limoensap en passievruchtpulp.
b) Breng op smaak met zout en peper.
c) Zet het minimaal 30 minuten in de koelkast voordat u het serveert.
d) Serveer met tortillachips of als topping voor taco's.

# 64.Moringa-guacamole

**INGREDIËNTEN:**

- 2-4 theelepel Moringapoeder
- 3 Rijpe avocado's
- 1 Kleine rode ui, fijngehakt
- Een handvol kerstomaatjes, gewassen en fijngehakt
- 3 groene takken koriander, gewassen en fijngehakt
- Extra vergine olijfolie, om te besprenkelen
- Sap van 1 limoen
- Specerijen: zout, peper, gedroogde oregano, paprika en gemalen korianderzaad

**INSTRUCTIES:**

a) Halveer de avocado's, ontpit ze en hak ze grof. Laat een handvol grof gesneden avocado's opzij.
b) Giet de rest van de ingrediënten in een grote kom en gebruik een vork om de guacamole fijn te prakken en roer goed.
c) Voeg de rest van de avocado's toe en strooi er wat korianderblaadjes overheen.

# 65. Mojito-guacamole

**INGREDIËNTEN:**
- 3 rijpe avocado's, gepureerd
- ¼ kopje rode ui, fijngesneden
- ¼ kopje verse koriander, gehakt
- 1 jalapeño, zaadjes verwijderd en fijngehakt
- 2 eetlepels vers limoensap
- 1 theelepel suiker
- Zout en peper naar smaak
- Tortillachips om erbij te serveren

**INSTRUCTIES:**
a) Meng in een kom gepureerde avocado's, rode ui, koriander, jalapeño en limoensap.
b) Roer suiker, zout en peper naar smaak erdoor.
c) Serveer met tortillachips en geniet van je Mojito Guacamole!

## 66.Mimosa-guacamole

**INGREDIËNTEN:**
- 2 rijpe avocado's, gepureerd
- ¼ kopje in blokjes gesneden rode ui
- ¼ kopje in blokjes gesneden tomaten
- ¼ kopje gehakte koriander
- 1 jalapeno, zonder zaadjes en fijngehakt
- 2 eetlepels vers limoensap
- 2 eetlepels champagne
- Zout en peper naar smaak

**INSTRUCTIES:**
a) Meng in een middelgrote kom de gepureerde avocado's, rode ui, tomaten, koriander en jalapeno.
b) Roer het verse limoensap en de champagne erdoor.
c) Breng op smaak met zout en peper.
d) Serveer met tortillachips of groentesticks om te dippen.

# 67. Zonnebloem-guacamole

**INGREDIËNTEN:**
- 2 avocado's
- Sap van ½ limoen
- ¼ theelepel zout
- ⅔ kopje gehakte zonnebloemscheuten
- ¼ kopje fijngehakte rode ui
- ½ jalapeno, fijngehakt

**INSTRUCTIES:**

a)   Doe alle ingrediënten in een kom en pureer tot een grof mengsel.

## 68. Guacamole van Drakenfruit

**INGREDIËNTEN:**
- 1 drakenfruit
- 2 rijpe avocado's
- ¼ kopje in blokjes gesneden rode ui
- ¼ kopje gehakte koriander
- 1 jalapenopeper, zonder zaadjes en fijngehakt
- 2 eetlepels limoensap
- Zout en peper naar smaak
- Tortillachips, om te serveren

**INSTRUCTIES:**
a) Snijd de drakenvrucht doormidden en schep het vruchtvlees eruit.
b) Pureer de avocado's in een middelgrote kom met een vork of aardappelstamper.
c) Vouw het drakenfruit, de rode ui, koriander, jalapenopeper, limoensap, zout en peper erdoor.
d) Meng goed en laat de guacamole minimaal 10 minuten staan, zodat de smaken zich kunnen vermengen.
e) Serveer gekoeld met tortillachips.

# DIPS OP BASIS VAN TAHINI

## 69.Romige Spinazie-Tahini Dip

**INGREDIËNTEN:**
- 1 (10-ounce) pakket van vers Baby spinazie
- 1 naar 2 knoflook kruidnagel
- **1** theelepel zout
- ⅓ beker tahin (sesam Plakken)
- Sap van 1 citroen
- Grond cayenne
- 2 theelepels geroosterd sesam zaden, voor garnering

**INSTRUCTIES:**
a) Licht stoom de spinazie tot verwelkt, over 3 minuten. Knijpen droog En set opzij.
b) In A voedsel verwerker, proces de knoflook En zout tot fijn gehakt. Toevoegen de gestoomd spinazie, tahini, citroen sap, En cayenne naar smaak.
c) Proces tot Goed blended En smaak, aanpassen kruiden als nodig.
d) Overdracht de duik naar A medium schaal En strooi met de sesam zaden. Als niet gebruik makend van rechts weg, omslag En koelen tot nodig zijn.
e) Op de juiste manier opgeslagen, Het zullen houden voor omhoog naar 3 dagen.

## 70.Pittige geroosterde rode paprika-tahinidip

**INGREDIËNTEN:**
- 2 grote rode paprika's, geroosterd, geschild en ontpit
- 1/3 kop tahini
- 2 teentjes knoflook, fijngehakt
- Sap van 1 citroen
- 1 eetlepel olijfolie
- 1/2 theelepel komijn
- 1/4 theelepel gerookte paprikapoeder
- Zout en peper naar smaak
- Gehakte verse peterselie voor garnering

**INSTRUCTIES:**
a) Meng in een keukenmachine de geroosterde rode paprika, tahini, gehakte knoflook, citroensap, olijfolie, komijn en gerookte paprika. Mixen tot een gladde substantie.
b) Breng op smaak met zout en peper. Pas indien nodig de smaak of consistentie aan met extra citroensap of tahini.
c) Doe de dip in een serveerschaal en garneer met gehakte verse peterselie voordat je hem serveert.
d) Serveer met pitabroodje, crackers of groentesticks om te dippen.

## 71. Citroenkruid Tahini Dip

**INGREDIËNTEN:**
- 1/2 kopje tahini
- Sap van 1 citroen
- Schil van 1 citroen
- 2 teentjes knoflook, fijngehakt
- 2 eetlepels gehakte verse peterselie
- 1 eetlepel gehakte verse dille
- 1 eetlepel gehakte verse munt
- 2 eetlepels olijfolie
- Zout en peper naar smaak
- Dun gesneden citroenrondjes voor garnering

**INSTRUCTIES:**
a) Meng in een mengkom de tahini, het citroensap, de citroenschil, de gehakte knoflook, de gehakte peterselie, de dille, de munt en de olijfolie tot alles goed gemengd is.
b) Breng op smaak met zout en peper. Pas desgewenst de smaak of consistentie aan met extra citroensap of tahini.
c) Doe de dip in een serveerschaal en garneer met dun gesneden citroenrondjes voordat je hem serveert.
d) Serveer met geroosterd pitabroodje, plakjes komkommer of als spread voor op de boterham.

## 72. Romige bieten-tahin-dip

**INGREDIËNTEN:**
- 1 middelgrote biet, geroosterd, geschild en in blokjes gesneden
- 1/3 kop tahini
- 2 teentjes knoflook, fijngehakt
- Sap van 1 citroen
- 1 eetlepel olijfolie
- 1/2 theelepel gemalen komijn
- Zout en peper naar smaak
- Geroosterde sesamzaadjes ter garnering

**INSTRUCTIES:**
a) Meng in een keukenmachine de geroosterde en in blokjes gesneden bieten, tahini, gehakte knoflook, citroensap, olijfolie en gemalen komijn. Mixen tot een gladde substantie.
b) Breng op smaak met zout en peper. Pas indien nodig de smaak of consistentie aan met extra citroensap of tahini.
c) Doe de dip in een serveerschaal en garneer met geroosterde sesamzaadjes voordat je hem serveert.
d) Serveer met rauwe groenten, broodstengels of als kleurrijke toevoeging aan een mezzeschotel.

## 73.Zongedroogde Tomaat En Basilicum Tahini Dip

**INGREDIËNTEN:**
- 1/2 kopje tahini
- 1/4 kop zongedroogde tomaten (verpakt in olie), uitgelekt en gehakt
- 2 eetlepels gehakte verse basilicumblaadjes
- 2 teentjes knoflook, fijngehakt
- Sap van 1 citroen
- 2 eetlepels olijfolie
- Zout en peper naar smaak
- Pijnboompitten voor garnering (optioneel)

**INSTRUCTIES:**
a) Meng in een keukenmachine de tahini, zongedroogde tomaten, gehakte basilicum, gehakte knoflook, citroensap en olijfolie. Mixen tot een gladde substantie.
b) Breng op smaak met zout en peper. Pas indien nodig de smaak of consistentie aan met extra citroensap of tahini.
c) Doe de dip in een serveerschaal en garneer indien gewenst met pijnboompitten voordat u hem serveert.
d) Serveer met broodstengels, crackers of rauwkost om te dippen.

## 74. Kurkuma en Gember Tahini Dip

**INGREDIËNTEN:**
- 1/2 kopje tahini
- 1 theelepel gemalen kurkuma
- 1 theelepel geraspte verse gember
- 2 teentjes knoflook, fijngehakt
- Sap van 1 citroen
- 2 eetlepels olijfolie
- Snufje cayennepeper
- Zout en peper naar smaak
- Gehakte verse koriander voor garnering

**INSTRUCTIES:**

a) Meng in een mengkom de tahini, gemalen kurkuma, geraspte gember, gehakte knoflook, citroensap, olijfolie en een snufje cayennepeper. Meng tot alles goed gemengd is.

b) Breng op smaak met zout en peper. Pas desgewenst de smaak of consistentie aan met extra citroensap of tahini.

c) Doe de dip in een serveerschaal en garneer met gehakte verse koriander voordat je hem serveert.

d) Serveer met naanbrood, pitabroodjes of als dip voor geroosterde groenten.

## 75. Ahorn Kaneel Tahini Dip

**INGREDIËNTEN:**
- 1/2 kopje tahini
- 2 eetlepels ahornsiroop
- 1/2 theelepel gemalen kaneel
- 1/4 theelepel vanille-extract
- Snufje zeezout
- Sap van 1/2 citroen
- 2-3 eetlepels water (optioneel, om te verdunnen)
- Gesneden appels, peren of pretzels om te dippen

**INSTRUCTIES:**
a) Klop in een mengkom de tahini, ahornsiroop, gemalen kaneel, vanille-extract, snufje zeezout en citroensap tot een gladde massa.
b) Als de dip te dik is, voeg dan één eetlepel water per keer toe, totdat de gewenste consistentie is bereikt.
c) Doe de dip in een serveerschaal en serveer met gesneden appels, peren of pretzels om te dippen.
d) Geniet ervan als zoete en romige snack of dessertdip.

# KAASDIPS

# 76. Baksteenkaasdip

**INGREDIËNTEN:**
- 3 oz ricotta kaas
- 3 oz vers geraspt steen kaas
- 3 Eetlepels vers tijm bladeren
- 6 oz geit kaas
- 1 oz Parmezaanse kaas moeilijk kaas, vers geraspt
- 4 stroken dik gesneden spek, gekookt En verkruimeld
- Zout En peper, naar smaak

**INSTRUCTIES:**
a) Voorbereiden de oven voor roosteren.
b) Combineren alle van de ingrediënten in A bakken gerecht.
c) Strooi de Parmezaanse kaas kaas over de gerecht.
d) Bakken in A voorverwarmd oven voor 5 minuten, of tot de kaas begint naar bruin En bubbel.
e) Verwijderen van de oven En dienen onmiddellijk.

## 77.Blauwe Kaas & Goudse Kaas Dip

**INGREDIËNTEN:**
- 2 eetlepels ongezouten boter
- 1 beker zoet ui, in blokjes gesneden
- 2 kopjes room kaas, bij kamer temperatuur
- ⅛ theelepel zout
- ⅛ theelepel wit peper
- ⅓ beker Montucky Koud Snacks
- 1 ½ kopjes gehakt nep kip
- ½ beker Honing mosterd, plus meer voor motregen
- 2 eetlepels boerderij dressing
- 1 beker versnipperd Cheddar kaas
- 2 kopjes Gouda kaas, versnipperd
- 2 eetlepels blauw kaas dressing
- ⅓ beker verkruimeld blauw kaas, plus meer voor topping
- ¾ beker Honing Barbecue saus, plus meer voor motregen

**INSTRUCTIES:**
a) In A groot koekepan, smelten de boter over laag warmte.
b) Roeren in de in blokjes gesneden uien En seizoen met zout En peper.
c) Kok voor 5 minuten, of tot lichtelijk verzacht.
d) Kok, roeren vaak, tot de uien karamelliseren, over 25 naar 30 minuten.
e) voorverwarmen de oven naar 375° F.
f) Jas A 9 inch bakken gerecht met antiaanbaklaag koken spuiten.
g) Combineren de room kaas, alle van de kaas, Barbecue saus, Honing mosterd, boerderij dressing, En blauw kaas in A groot mengen schaal.
h) Toevoegen de gecarameliseerd uien En nep kip.
i) Plaats de beslag in A bakken gerecht.
j) Garneer met de overig kaas.
k) Bakken de duik voor 20–25 minuten, of tot gouden.
l) Dienen onmiddellijk.

# 78. Roomkaas- en honingdip

**INGREDIËNTEN:**
- 2 ons roomkaas
- 2 eetlepels honing
- ¼ kopje geperst sinaasappelsap
- ½ theelepel gemalen kaneel

**INSTRUCTIES:**
a) Blend alles tot een gladde massa.

## 79.Buffelkipdip

**INGREDIËNTEN:**
- 2 kopjes geraspte gekookte kip
- 8 ons roomkaas, verzacht
- ½ kopje hete saus
- ½ kopje ranchdressing
- 1 kopje geraspte cheddarkaas
- ¼ kopje blauwe kaaskruimels (optioneel)
- Tortillachips of stengels bleekselderij, om te serveren

**INSTRUCTIES:**
a) Verwarm de oven voor op 350 ° F.
b) Meng in een grote mengkom de geraspte kip, roomkaas, hete saus en ranchdressing. Roer tot alles goed gemengd is.
c) Verdeel het mengsel in een ovenschaal van 9 inch en bestrooi met geraspte cheddarkaas en blauwe kaaskruimels (indien gebruikt).
d) Bak gedurende 20-25 minuten, of tot het warm en bruisend is.
e) Serveer warm met tortillachips of stengels bleekselderij.

# 80.Pittige pompoen- en roomkaasdip

**INGREDIËNTEN:**
- 8 ons roomkaas
- 15 ons ongezoete pompoen uit blik
- 1 theelepel kaneel
- ¼ theelepel piment
- ¼ theelepel nootmuskaat
- 10 pecannoten, gebroken

**INSTRUCTIES:**

a) Klop de roomkaas en de pompoen uit blik samen in een mixer tot een romige massa.

b) Roer de kaneel, piment, nootmuskaat en pecannoten erdoor tot alles goed gemengd is.

c) Voor het serveren een uur in de koelkast laten rusten.

## 81. Beierse feestdip/spread

**INGREDIËNTEN:**
- ½ kopje uien, fijngehakt
- 1 pond Braunschweiger
- 3 ons roomkaas
- ¼ theelepel Zwarte peper

**INSTRUCTIES:**
a) Fruit de uien 8-10 minuten, onder regelmatig roeren; haal van het vuur en laat uitlekken.
b) Verwijder het omhulsel van Braunschweiger en meng het vlees met de roomkaas tot een gladde massa. Meng de uien en peper erdoor.
c) Serveer als leverspread op crackers, in dunne plakjes gesneden feestrogge, of serveer als dip vergezeld van een verscheidenheid aan verse rauwe groenten zoals wortels, selderij, broccoli, radijs, bloemkool of kerstomaatjes.

·

# 82.Partydip van gebakken artisjokken

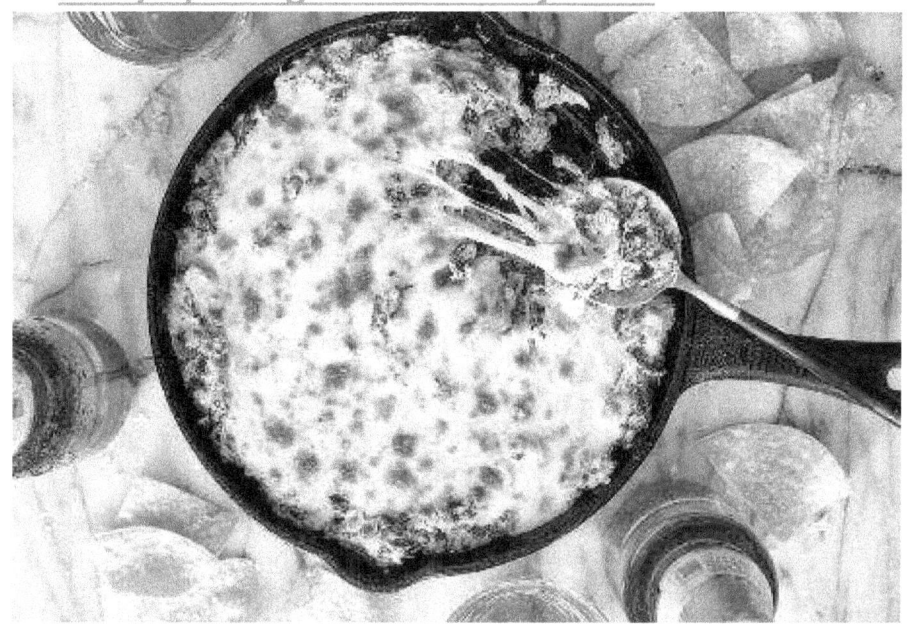

## INGREDIËNTEN:
- 1 Brood groot donker roggebrood
- 2 eetlepels Boter
- 1 bosje groene uien; gehakt
- 6 teentjes verse knoflook; fijngehakt, maximaal 8
- 8 ons roomkaas; bij kamertemperatuur.
- 16 ons Zure room
- 12 ons Geraspte Cheddarkaas
- 14-ounce blikje artisjokharten; uitgelekt en in vieren gesneden

## INSTRUCTIES:
a) Maak een gat in de bovenkant van het brood met een diameter van ongeveer 5 centimeter. Verwijder het zachte brood uit het gesneden gedeelte en gooi het weg.
b) Bewaar de korst om de bovenkant van een brood te maken.
c) Schep het grootste deel van de zachte binnenkant van het brood eruit en bewaar het voor andere doeleinden, zoals vulling of gedroogde broodkruimels. In de boter,
d) Fruit de groene uien en de knoflook tot de uien slinken. Snijd de roomkaas in kleine stukjes en voeg de uien, knoflook, zure room en cheddarkaas toe. Goed mengen. Vouw de artisjokharten erdoor en giet dit mengsel in een uitgehold brood. Leg de bovenkant op het brood en wikkel het in stevig aluminiumfolie . Bak in een oven van 350 graden gedurende 1½ uur.
e) Als je klaar bent, verwijder dan de folie en serveer, gebruik cocktailroggebrood om de saus eruit te dippen.

## 83. Pubkaasdip

**INGREDIËNTEN:**
- 3 eetlepels grof gehakt, gepekeld jalapeno paprika's
- 1 beker moeilijk cider
- ⅛ theelepel grond rood peper
- 2 kopjes versnipperd extra scherp, geel Cheddar kaas
- 2 kopjes versnipperd Colby Kaas
- 2 eetlepels maïszetmeel
- 1 eetlepel Dijon mosterd
- 60 crackers

**INSTRUCTIES:**
a) In A medium mengen schaal, combineren Cheddar kaas, Colby kaas, En maïszetmeel. Plaats opzij.
b) In A medium pan, combineren cider En mosterd.
c) Kok tot kokend over gemiddeld hoog warmte.
d) Langzaam garde in de kaas mengsel, A klein bij A tijd, tot zacht.
e) Draai uit de warmte.
f) Roeren in de jalapeno En rood paprika's.
g) Plaats de mengsel in A 1 kwart langzaam fornuis of fondue pot.
h) Houden warm op laag warmte.
i) Dienen langszij crackers.

## 84. Low-Carb pizzadip in de pan

**INGREDIËNTEN:**
- 6 ons van Crème Kaas in de magnetron
- ¼ beker Zuur Room
- ½ beker Mozzarella Kaas, versnipperd
- Zout En Peper naar Smaak
- ¼ beker Mayonaise
- ½ beker Mozzarella Kaas, versnipperd
- ½ beker Koolhydraatarm Tomaat Saus
- ¼ beker Parmezaanse kaas Kaas

**INSTRUCTIES:**
a) voorverwarmen de oven naar 350 graden Fahrenheit.
b) Mengen de room kaas, zuur room, mayonaise, mozarella , zout En peper.
c) Giet naar binnen schaaltjes En spreiding Tomaat Saus over elk schaaltje als Goed als Mozzarella kaas En Parmezaanse kaas kaas .
d) Bovenkant jouw pan pizza dips met jouw favoriet toppings.
e) Bakken voor 20 minuten .
f) Dienen langszij sommige smaakvol broodstengels of varkensvlees schillen!

## 85. Rangoon-dip van krab

**INGREDIËNTEN:**
- 1 (8-ounce) pakket van room kaas, verzacht
- 2 eetlepels olijf olie mayonaise
- 1 eetlepel vers geperst citroen sap
- ½ theelepel zee zout
- ¼ theelepel zwart peper
- 2 kruidnagel knoflook, gehakt
- 2 medium groente uien, in blokjes gesneden
- ½ beker versnipperd Parmezaanse kaas kaas
- 4 ons (over ½ beker) van ingeblikt wit krabvlees

**INSTRUCTIES:**
a) voorverwarmen oven naar 350°F.
b) In A medium schaal, mengen room kaas, mayonaise, citroen sap, zout, En peper met A hand blender tot Goed opgenomen.
c) Toevoegen knoflook, uien, Parmezaanse kaas kaas, En krabvlees En vouw naar binnen de mengsel met A spatel.
d) Overdracht het mengsel naar een ovenbestendig pot En spreid **HET** uit gelijkmatig.
e) Bak **GEDURENDE** 30-35 uur minuten tot de top van de dip is lichtelijk bruin. Dienen warm.

## 86.Pittige garnalen- en kaasdip

**INGREDIËNTEN:**

- 2 plakjes spek zonder toegevoegde suiker
- 2 middelgrote gele uien, geschild en in blokjes gesneden
- 2 teentjes knoflook, fijngehakt
- 1 kop popcorngarnalen (niet de gepaneerde soort), gekookt
- 1 middelgrote tomaat, in blokjes gesneden
- 3 kopjes geraspte Monterey Jack-kaas
- ¼ theelepel Frank's Roodgloeiende saus
- ¼ theelepel cayennepeper
- ¼ theelepel zwarte peper

**INSTRUCTIES:**

a) Kok de spek in A medium koekepan over medium warmte tot helder, over 5–10 minuten. Houden vet in de pan. Leggen de spek op A papier handdoek naar koel. Wanneer koel, afbrokkelen de spek met jouw vingers.

b) Toevoegen de ui En knoflook naar de spek druppels in de koekepan En fruiten over gemiddeld-laag warmte tot zij Zijn zacht En geurig, over 10 minuten.

c) Combineren alle de ingrediënten in A langzaam fornuis; roeren Goed. Kok bedekt op laag instelling voor 1–2 uur of tot kaas is geheel gesmolten.

# 87.Knoflook- en spekdip

**INGREDIËNTEN:**
- 8 plakjes spek zonder toegevoegde suiker
- 2 kopjes gehakte spinazie
- 1 (8-ounce) pakje roomkaas, verzacht
- ¼ kopje volvette zure room
- ¼ kopje volle, volle Griekse yoghurt
- 2 eetlepels gehakte verse peterselie
- 1 eetlepel citroensap
- 6 teentjes geroosterde knoflook, gepureerd
- 1 theelepel zout
- ½ theelepel zwarte peper
- ½ kopje geraspte Parmezaanse kaas

**INSTRUCTIES:**
a) voorverwarmen oven naar 350°F.
b) Kok spek in A medium koekepan over medium warmte tot knapperig. Verwijderen spek van de pan En set opzij op A bord gevoerd met papier handdoeken.
c) Toevoegen spinazie naar de heet pan En kok tot verwelkte. Verwijderen van warmte En set opzij.
d) Naar A medium schaal, toevoegen room kaas, zuur room, yoghurt, peterselie, citroen sap, knoflook, zout, En peper En verslaan met A in de hand gehouden mixer tot gecombineerd.
e) Ongeveer karbonade spek En roeren naar binnen room kaas mengsel. Roeren in spinazie En Parmezaanse kaas kaas.
f) Overdracht naar een 8" × 8" bakken pan En bakken voor 30 minuten of tot heet En bruisend.

## 88.Romige Geitenkaas Pesto Dip

**INGREDIËNTEN:**
- 2 kopjes Ingepakt vers basilicum bladeren
- ½ beker geraspt Parmezaanse kaas kaas
- 8 ons van geit kaas
- 1 -2 theelepels gehakt knoflook
- ½ theelepel zout
- ½ beker olijf olie

**INSTRUCTIES:**
a) Mengen basilicum, kaas, knoflook, En zout in A voedsel verwerker of blender tot zacht. Toevoegen olijf olie in een zelfs stroom En mengen tot gecombineerd.
b) Dienen onmiddellijk of winkel in de koelkast.

## 89.Hete pizza Superdip

**INGREDIËNTEN:**
- Verzacht Room Kaas
- Mayonaise
- Mozzarella Kaas
- Basilicum
- Oregano
- Knoflook Poeder
- Pepperoni
- Zwart Olijven
- Groente Klok Paprika's

**INSTRUCTIES:**

a) Mengen in jouw verzacht room kaas, mayonaise, En A klein beetje van Mozzarella kaas. Toevoegen A strooi van basilicum, oregano, peterselie, En knoflook poeder, En roeren tot zijn mooi gecombineerd.

b) Vullen Het naar binnen jouw diep gerecht taart bord En spreiding Het uit in een zelfs laag.

c) Spreiding jouw pizza saus op bovenkant En toevoegen jouw de voorkeur toppings. Voor dit voorbeeld, Wij zullen toevoegen Mozzarella kaas, peperoni zwart olijven, En groente paprika's. Bakken bij 350 voor 20 minuten.

## 90.Gebakken spinazie en artisjokkendip

**INGREDIËNTEN:**

- 14 ons kan artisjok harten, gedraineerd En gehakt
- 10 ons bevroren gehakt spinazie ontdooid
- 1 beker echt mayo
- 1 beker geraspt Parmezaanse kaas kaas
- 1 knoflook kruidnagel ingedrukt

**INSTRUCTIES:**

a) Dooi bevroren spinazie Dan knijpen Het droog met jouw handen.
b) Roeren samen: gedraineerd En gehakt artisjok, geperst spinazie, 1 beker mayonaise, ¾ beker Parmezaanse kaas kaas, 1 ingedrukt knoflook kruidnagel, En overdracht naar A 1 kwart braadpan of taart gerecht.
c) Strooi op de overige ¼ beker Parmezaanse kaas kaas.
d) Bakken blootgelegd voor 25 minuten bij 350°F of tot verhitte door. Dienen met jouw favoriet crostini, chips, of crackers.

## 91. Artisjokkendip

**INGREDIËNTEN:**
- 2 kopjes van artisjok harten, gehakt
- 1 beker mayonaise of licht mayonaise
- 1 beker versnipperd Parmezaanse kaas

**INSTRUCTIES:**
a) Combineren alle de ingrediënten, En plaats de mengsel in A ingevet bakken gerecht. Bakken voor 30 minuten bij 350 °F.
b) Bakken de duik tot Het is licht bruin En bruisend op bovenkant.

## 92. Romige artisjokkendip

## INGREDIËNTEN:

- 2 X 8 ons pakketjes van room kaas, kamer temperatuur
- ⅓ beker zuur room
- ¼ beker mayonaise
- 1 eetlepel citroen sap
- 1 eetlepel Dijon mosterd
- 1 knoflook kruidnagel
- 1 theelepel Worcestershire saus
- ½ theelepel heet peper saus
- 3 X 6 ons potten van gemarineerd artisjok harten, gedraineerd En gehakt
- 1 beker geraspt Mozzarella kaas
- 3 Lente-ui
- 2 theelepel gehakt jalapeño

## INSTRUCTIES:

a) Gebruik makend van een elektrisch mixer verslaan de Eerst 8 ingrediënten erin A groot schaal tot blended. Vouw in artisjokken, Mozzarella, Lente-ui, En jalapeño.
b) Overdracht naar A bakken gerecht.
c) voorverwarmen de oven naar 400 °F.
d) Bakken duik tot borrelen En bruin op bovenkant- over 20 minuten.

## 93.Dip van dille en roomkaas

**INGREDIËNTEN:**
- 1 beker vlak soja yoghurt
- 4 ons van Crème Kaas
- 1 eetlepel citroen sap
- 2 eetlepels droog bieslook
- 2 eetlepels droog dille gras
- ½ theelepel zee zout
- Streepje peper

**INSTRUCTIES:**
a) Meng alles en zet het minimaal een uur in de koelkast.

## 94.Wilde rijst en Chili Dip

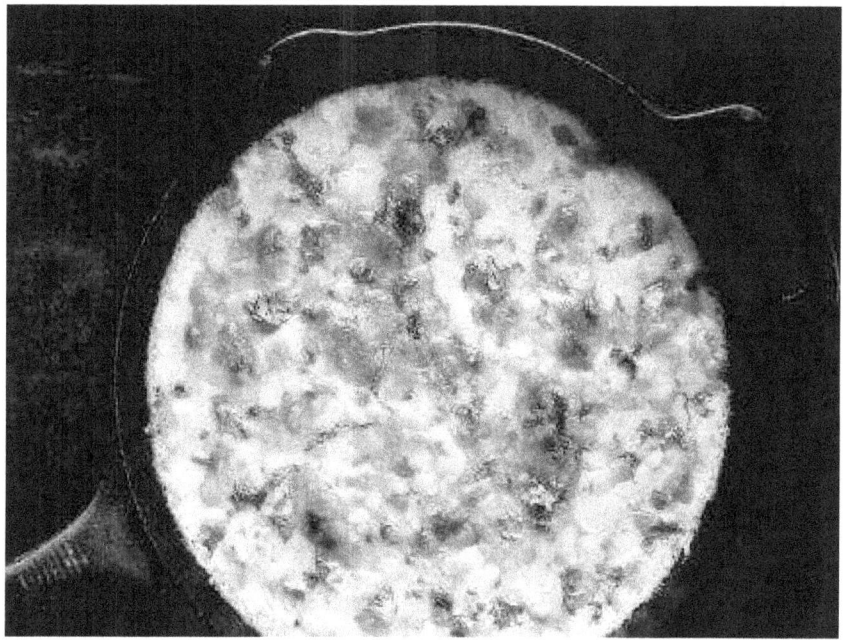

**INGREDIËNTEN:**
- 12 ons van gekookt linzen
- ¼ beker gistvrij groente bouillon
- ¼ beker gehakt groente klok peper
- ½ kruidnagel knoflook, ingedrukt
- 1 beker in blokjes gesneden tomaten
- ¼ beker gehakt ui
- 2 ons room Kaas
- ½ eetlepel Chili poeder
- ½ theelepel komijn
- ¼ theelepel zee zout
- Streepje paprika
- ½ beker gekookt wild rijst

**INSTRUCTIES:**
a) In A klein pan, kok de linzen En groente bouillon.
b) Toevoegen de uien, klok peper, knoflook, En tomaten En kok voor 8 minuten over medium warmte.
c) In A blender, combineren Room Kaas, Chili poeder, komijn, En zee zout tot zacht.
d) Combineren de rijst, room kaas mengen, En linze groente mengen in A groot mengen schaal En toss Goed.

## 95.Pittige pompoen- en roomkaasdip

**INGREDIËNTEN:**
- 8 ons van Room Kaas
- 15 ons van ongezoet ingeblikt pompoen
- 1 theelepel kaneel
- ¼ theelepel piment
- ¼ theelepel nootmuskaat
- 10 pecannoten, vernield

**INSTRUCTIES:**
a) Zweep de Room Kaas En ingeblikt pompoen samen in A mixer tot romig.
b) Roeren in de kaneel, piment, nootmuskaat, En pecannoten tot diepgaand gecombineerd.
c) Voor portie, kil voor een uur in de koelkast.

# AZIATISCHE ONDERDOMPELSAUSSEN

## 96. Abrikoos En Chili Dipsaus

# AZIATISCHE ONDERDOMPELSAUSSEN

# 96.Abrikoos En Chili Dipsaus

**INGREDIËNTEN:**
- 4 droog abrikozen
- 1 kopje wit druif sap of appel sap
- 1 theelepel Aziatisch Chili Plakken
- 1 theelepel geraspt vers gember
- 1 eetlepel soja saus
- 1 eetlepel rijst azijn

**INSTRUCTIES:**

a) In A klein pan, combineren de abrikozen En druif sap En warmte zojuist naar A B' olie. Verwijderen van de warmte En set opzij voor 10 minuten naar toestaan de abrikozen naar verzachten.

b) Overdracht de abrikoos mengsel naar A blender of voedsel verwerker En proces tot zacht. Toevoegen de Chili Plakken, gember, soja saus, En azijn En proces tot zacht. Smaak, aanpassen kruiden als nodig.

c) Overdracht naar A klein schaal. Als niet gebruik makend van rechts weg, omslag En koelen tot nodig zijn.

d) Op de juiste manier opgeslagen, de saus zullen houden voor 2 naar 3 dagen.

## 97.Mango-Ponzu-dipsaus

**INGREDIËNTEN:**
- 1 beker in blokjes gesneden rijp mango
- 1 eetlepel ponzu saus
- ¼ theelepel Aziatisch Chili Plakken
- ¼ theelepel suiker
- 2 eetlepels water, plus meer als nodig zijn

**INSTRUCTIES:**
a) In A blender of voedsel verwerker, combineren alle de ingrediënten En mengen tot zacht, toevoegen een andere eetlepel van water als A dunner saus is gewenst.
b) Overdracht naar A klein schaal. Dienen onmiddellijk of omslag En koelen tot klaar naar gebruik. Dit saus is best gebruikt op de dezelfde dag Het is gemaakt.

## 98. Soja Gember Dipsaus

**INGREDIËNTEN:**
- 1/4 kop sojasaus
- 2 eetlepels rijstazijn
- 1 eetlepel sesamolie
- 1 eetlepel honing of bruine suiker
- 1 theelepel vers geraspte gember
- 1 teentje knoflook, fijngehakt
- 1 eetlepel gehakte groene uien (optioneel)

**INSTRUCTIES:**
a) Meng in een kleine kom sojasaus, rijstazijn, sesamolie, honing of bruine suiker, geraspte gember, gehakte knoflook en gehakte groene uien (indien gebruikt).
b) Meng tot alles goed gemengd is.
c) Pas de zoetheid of zoutheid aan naar smaakvoorkeur door indien nodig meer honing/suiker of sojasaus toe te voegen.
d) Serveer als dipsaus voor dumplings, loempia's of gegrild vlees.

## 99.Pittige pindadipsaus

**INGREDIËNTEN:**
- 1/4 kop romige pindakaas
- 2 eetlepels sojasaus
- 1 eetlepel rijstazijn
- 1 eetlepel honing of ahornsiroop
- 1 theelepel sesamolie
- 1 teentje knoflook, fijngehakt
- 1 theelepel srirachasaus (naar smaak aanpassen)
- 2-3 eetlepels water (om de saus te verdunnen)
- Gehakte pinda's en gesneden groene uien voor garnering (optioneel)

**INSTRUCTIES:**
a) Meng in een mengkom romige pindakaas, sojasaus, rijstazijn, honing of ahornsiroop, sesamolie, gehakte knoflook en srirachasaus.
b) Meng goed tot een gladde massa.
c) Voeg geleidelijk water toe om de gewenste consistentie te bereiken.
d) Pas de smaak aan door naar smaak meer sojasaus, honing of sriracha toe te voegen.
e) Garneer indien gewenst met gehakte pinda's en gesneden groene uien.
f) Serveer als dipsaus voor verse loempia's, satéspiesjes of bami.

## 100.Zoete Chili Limoen Dipsaus

**INGREDIËNTEN:**
- 1/4 kop zoete chilisaus
- Sap van 1 limoen
- 1 eetlepel sojasaus
- 1 theelepel sesamolie
- 1 teentje knoflook, fijngehakt
- 1 theelepel geraspte gember
- 1 eetlepel gehakte koriander (optioneel)
- Dun gesneden chili voor extra warmte (optioneel)

**INSTRUCTIES:**
a) Meng in een kleine kom de zoete chilisaus, limoensap, sojasaus, sesamolie, gehakte knoflook, geraspte gember en gehakte koriander (indien gebruikt).
b) Voeg dun gesneden chili toe als je van extra warmte houdt.
c) Pas de zoetheid of scherpte aan door indien nodig meer zoete chilisaus of limoensap toe te voegen.
d) Serveer als dipsaus voor garnalen, loempia's of gebakken tofu.

# CONCLUSIE

Nu we onze reis door de wereld van dips en spreads afsluiten, hoop ik dat je je geïnspireerd voelt om je snackspel naar een hoger niveau te tillen en gewone momenten om te zetten in buitengewone ervaringen. "Het complete receptenboek voor dips en spreads" is gemaakt met een passie voor smaak en de liefde voor het delen van lekker eten met dierbaren.

Terwijl je de heerlijke wereld van dips en spreads blijft verkennen, onthoud dat de mogelijkheden eindeloos zijn. Of u nu experimenteert met nieuwe smaakcombinaties, recepten aanpast aan uw smaakvoorkeuren, of gewoon geniet van het plezier van dippen en smeren, moge elke hap een herinnering zijn aan de vreugde die voortkomt uit het delen van voedsel en het creëren van herinneringen met anderen.

Bedankt dat je met mij meegaat op dit culinaire avontuur. Mogen uw dips romig zijn, uw smeersels smaakvol en uw snackervaringen werkelijk buitengewoon. Tot we elkaar weer ontmoeten, gelukkig dippen en verspreiden!

www.ingramcontent.com/pod-product-compliance
Lightning Source LLC
Chambersburg PA
CBHW070418120526
44590CB00014B/1449